Römer in Deutschland

Cornelia Oelwein

Martialische »Legionäre« bei Aalens Römerfest

»Fahrender Jupiter« im Römerpark zu Köngen

Das Kastell-Nordtor von Weißenburg in Bayern

Apollo-Grannus-Tempel in Lauingen-Faimingen

Im Rheinischen Landesmuseum von Trier

Kölns berühmtes Dionysos-Mosaik von 7 mal 10,6 Metern – drumherum wurde das Römisch-Germanische Museum errichtet – zeigt im Mittelpunkt den Weingott, der sich stützen lassen muß …

Germanien – von den Römern zivilisiert

Nordöstlich von Trier wurde in Longuich eine villa urbana, ein Stadthaus aus dem 3. Jahrhundert, rekonstruiert. Überhaupt ist rund um Trier noch viel Römisches erhalten.

Latein könnte die Sprache der Vereinigten Staaten von Westeuropa sein – Alptraum so manchen Lateinschülers. Aber es macht die gemeinsamen Wurzeln deutlich: Etwas Römisches steckt in jedem von uns, in unserer Sprache, Kultur und vielem mehr. Etwa um die Zeitenwende, Rom war auf dem Höhepunkt seiner Macht, ließ es seine Legionäre nach Norden ziehen. Die eroberten das Land – und verbreiteten römische Lebensart.

Spätestens seit der 2000-Jahrfeier der Stadt Augsburg (1985), zu der »echte« Legionäre aus Verona einmarschierten, ist uns das Bild des römischen Soldaten vertraut. Sie feiern mit uns am Limes und bei den Winzerfesten an der Mosel; sie bieten uns »Brot und Spiele« in den einstigen Lagern und Amphitheatern.

Diese römische Wiedergeburt ist jedoch nicht nur eine blendende Idee der Tourismusverbände. Gerade die Zeit nach dem Zweiten Weltkrieg, in der durch zahllose Baumaßnahmen ungeahnte römische Schätze ans Tageslicht gefördert wurden, machte breitere Schichten aufmerksam und neugierig. Atemberaubend schöne Mosaike wurden konserviert; prachtvolle Rüstungen, funkelnder Schmuck und schimmernde Münzen in moderne Museumsvitrinen gelegt. Und in Freilichtanlagen, allen voran im Archäologischen Park Xanten, kann man nun die Kultur der Römer hautnah erleben: beim Brotbacken, römisch Speisen und bei Gesellschaftsspielen.

Sprache oder Gesetz – alles römisch

Die Römer sind in unserem täglichen Leben bis heute präsent, ohne daß wir es immer ahnen. Das betrifft nicht nur die Schüler, die sich durch den Lateinunterricht quälen. Jeder kommt mit ihrer Sprache in Berührung, nicht nur der Gelehrte. Wir verdanken den Römern unsere Monatsnamen wie August von (Kaiser) Augustus, September, der 7. Monat (nach dem römischen Kalender), Oktober, der 8. …, sowie einen Großteil unserer Vornamen: Claudia und Felix, Cornelia und Markus, Julia und Oliver, Monika und Christian, Sabine und Dominik, um nur ein paar zu nennen.
Die lateinische Sprache, die über Jahrhunderte eine internationale Kommunikation in Kirchen-, Gelehrten- und Herrscherkreisen erlaubte, in der Urkunden und Bücher geschrieben wurden, begegnet uns auch im täglichen Sprachgebrauch, nicht nur in Form von Fachausdrücken sondern in so alltäglichen, umgangssprachlichen Worten wie »Moneten« (vom lat. moneta = Geld) und »typisch deutschen« Worten wie »Socken« (von lat. soccus = niedriger Schuh, kurzer Strumpf) oder »Radieschen« (von lat. radix = Wurzel). Unser Sternenhimmel ist mit römischen Göttern wie Mars und Venus bevölkert. Redewendungen aus dem alten Rom haben auch heute ihre Gültigkeit nicht verloren, etwa »pecunia non olet«, Geld stinkt nicht. Ein Ausspruch, den Kaiser Vespasian getan haben soll, als er – wieder einmal auf

»Markenzeichen« des Archäologischen Parks Xanten ist die rund 27 Meter hohe rekonstruierte Ecke des Hafentempels.

der Suche nach neuen Geldquellen – auch die öffentlichen Latrinen besteuern ließ.
Wer heute vor dem Richter steht, denkt sicher nicht daran, daß er nach römischen Recht verurteilt oder freigesprochen wird. Auch wenn die alten Römer größte Mühe hatten, unsere germanischen Ahnen vom römischen Recht zu überzeugen – das heutige Bürgerliche Gesetzbuch basiert in wesentlichen Teilen auf römischem Recht.
Das Christentum hat seine historischen Wurzeln ebenfalls in Rom. Und dann die Heiligen: Sie stammen fast alle aus dem Bereich des römischen Imperiums, ein Teil sogar aus Germanien wie der hl. Viktor von Xanten, die hl. Afra von Augsburg oder der Kirchenvater Ambrosius, der vermutlich 339 in Trier das Licht der Welt erblickt hat.
Keine Kultur hat auch nur annähernd eine solche Nachwirkung auf uns gehabt, wie die römische. Kein Weltreich – nicht einmal das der Habsburger in ihren besten Zeiten – hatte je solche Ausmaße: vom Schwarzen Meer bis nach Schottland, von der Atlantikküste bis in den Iran, von Regensburg bis nach Tunesien. Römisches Imperium bedeutete Großmacht, eigentlich fast die ganze damals bekannte Welt.

Weißenburg, ein paar Kilometer östlich der Altmühl, war nicht nur eine bedeutende Garnisons-, sondern auch Zivilsiedlung. Im örtlichen Museum ist diese schöne Bronzemaske zu bewundern.

Augustus schickte seine Legionen an den Rhein

Den ersten entscheidenden Schritt auf dem Weg zur Eroberung der Länder nördlich der Alpen hatte bereits Julius Caesar (100/102 – 44 v. Chr.) unternommen. In sieben Jahren hatte er Gallien unterworfen, ungefähr das heutige Frankreich – dem geneigten »Asterix und Obelix«-Leser wohl bekannt. In seinem Buch über den »Gallischen Krieg« verstand es Caesar, seine Eroberungen moralisch zu rechtfertigen. So haben es die Römer immer gehalten – auch Augustus (30 v. Chr. – 14 n. Chr.). Seine Feldzüge in den Zentralalpen begannen 25 v. Chr. mit einem Massaker im Aostatal. 17 v. Chr. verkündete er den Weltfrieden, doch zwei Jahre später schickte er seine Legionen über die Alpen bis an den Rhein. In einer »schweren Schlacht« besiegten seine beiden Stiefsöhne Drusus und Tiberius irgendwo im Alpenvorland die keltischen Vindeliker, die zwischen Bodensee und Inn siedelten.
Es soll hier gar nicht erst versucht werden, genealogische Zusammenhänge aufzuzeigen, viel zu verwirrend sind die familiären Verbindungen. In den kaiserlichen Familien wurde munter geheiratet, geschieden oder gemordet. Man ehelichte nahe und nächste Verwandte, und nicht selten konnte sich ein Kaiser bereits bei der Eheschließung auf kampferprobte Stiefsöhne stützen.
Im Norden machten es die Germanen den Römern nicht so leicht wie südlich der Donau. Zwar maschierten römische Legionen bis an die Elbe, doch wurden alle Erfolge durch die verheerende Niederlage im Teutoburger Wald (9 n. Chr.) wieder zunichte gemacht. Der ehrgeizige Plan, ganz Germanien

Die Quadriga des siegreichen Polydus, rechts sein Führungspferd Compressor, zeigt das Mittelfeld dieses Mosaiks (250 n. Chr.) aus Trier.

Vielleicht haben sie so ausgesehen, die römischen Legionäre … In Aalen wird alle zwei Jahre im September das Römerfest gefeiert.

zu unterwerfen, wurde aufgegeben. Die Römer zogen sich auf die linke Rheinseite zurück. Über nahezu 400 Jahre gehörten nun weite Teile Germaniens zum Verbund des Imperium Romanum.

Im Jahre 117 n. Chr. hatte das Römische Reich seine größte Ausdehnung. Seine nördlichen Grenzen wurden durch den Limes geschützt, doch konnte er mit all seinen Kastellen und Wachtürmen, Mauern, Gräben, Wällen und Palisaden der Flut der Völkerwanderung letzten Endes nicht standhalten. In mehreren Wellen durchbrachen die Germanen die Front. Als erstes fiel das Alpenvorland. Unglück und Schrecken spiegeln sich in den sogenannten Schatzfunden wider – eilig zusammengeraffte Wertgegenstände, die vergraben wurden. Einige der bedeutendsten römerzeitlichen Funde hierzulande machte man deshalb in Bayern.

Doch dürfen wir uns die Römerzeit nicht als einen mehrere Jahrhunderte andauernden Kriegszustand vorstellen. Die Römer brachten ihre kulturellen Errungenschaften mit ins Land, errichteten Gebäude aus Stein, führten raffinierte Be- und Entwässerungsanlagen ein, überspannten das Land mit einem Netz von Fernstraßen, kultivierten Acker- und Weinbau und trieben Handel. Nach Ausscheiden aus dem Militärdienst blieben viele Veteranen, deren Wiege in Italien, Spanien oder Nordafrika gestanden hatte, im Land und heirateten eine Germanin.

Bunt und luxuriös: Leben in den Städten

In den Städten muß es besonders bunt zugegangen sein. Zu den Soldaten unterschiedlichster Herkunft gesellten sich römische Beamte und Händler mit ihren Luxuswaren aus allen Ecken des Reichs. Auch in Germanien, speziell in den Villen an Rhein und Mosel, verstand man bald etwas von der ars vivendi. In den Kastellen herrschte dagegen eher eine Art »Wildweststimmung«: Die Legionäre vertranken, verspielten und verhurten nicht selten ihren Sold.

Nach Abzug der Römer fiel Germanien wieder zurück in das Dunkel der schriftlosen Zeit. Bevölkerungsrückgang, meist keine kontinuierliche Besiedelung auf dem Land, allenfalls in den Städten, verwischten die Spuren der Römer. Ihre Bauten dienten im Mittelalter allerorts als Steinbrüche, und Stein um Stein ist die Erinnerung an die alten Römer abgetragen worden, bis sie in unseren Tagen zu neuem Leben erwachte.

Anschaulich in die alte Römertherme geleitet wird man in Osterburken; deutlich sind im Vordergrund die Hypokausten, die Fußbodenheizung, zu erkennen.

Welchem Gott, welchen Göttern einst der sogenannte Hafentempel Xantens geweiht war, ist bis heute unbekannt. Wegen seiner gewaltigen Höhe muß er weithin sichtbar gewesen sein.

Die große Schlacht und das Lagerleben am Rhein

Am Teutoburger Wald war Schluß mit dem Germanien-Erobern. Die Varus-Schlacht im Jahre 9 n. Chr. gehört zu den Standardzahlen deutscher Geschichte. Vielleicht ist heute endlich auch der echte Schlacht-Schauplatz gefunden. Der Rhein wurde zur gut befestigten Grenze gen Norden. In Xanten beispielsweise blühte bald römisches Leben – das wird heute im Archäologischen Park anschaulich gemacht.

Zu den interessanten Funden der Römerzeit gehört im Regionalmuseum Xanten als berühmteste Bronzefigur dieser sogenannte Stumme Diener aus der Zeit um 140 n. Chr.

Knapp 2000 Jahre nach der Schlacht fahnden Gelehrte und Kommunalpolitiker noch immer nach dem Kampfplatz der Varusschlacht. Der römische Schriftsteller Tacitus, der Germanien aus eigener Anschauung kannte, berichtet zwar über die Kämpfe unweit des »saltus Teutoburgiensis«, doch wo war dieser Teutoburger Wald? Etwa 700 Theorien stehen zur Auswahl, wovon bei genauerer Betrachtung immer noch drei Dutzend diskutierbar sind. Die meisten liegen im Ostwestfälischen. Man geht zudem davon aus, daß die Kampfhandlungen sich über einen größeren Raum zogen – man spricht von bis zu 50 Kilometern.

Im 17. Jahrhundert war man sich sicher: Hier war's! Und kurzerhand nannte man Teile des Lipper Berglandes Teutoburger Wald. Auf diesem Gebirgsriegel errichtete man südlich von Detmold im 19. Jahrhundert das berühmte **Hermannsdenkmal**. Aus einem neuen Nationalbewußtsein – die Napoleonischen Kriege und ihre Auswirkungen noch frisch im Hinterkopf – erinnerte man sich der Heldentaten Arminius', der einst die Germanen aus einer ähnlich mißlichen Situation befreit hatte. Die Idee zu einem überdimensionalen Denkmal – allein das erhobene Schwert in Hermanns Rechter wiegt elf Zentner – verwirklichte der aus Bayern stammende Bildhauer Ernst Josef von Bandel. 1875 wurde es im Beisein von Kaiser Wilhelm feierlich eingeweiht, und noch heute erklimmen alljährlich rund 200 000 Besucher das Monument, Victor von Scheffels »Als die Römer frech geworden, simserim, simsim ...« auf den Lippen, und genießen den weiten Blick über die deutschen Wälder.

Nie dagewesene Niederlage der Römer

Das Jahr 9 n. Chr. brachte die größte Niederlage in der Geschichte des römischen Heeres. Drei Legionen unter der Führung des Statthalters Publius Quinctilius Varus wurden von germanischen Stämmen unter der Führung von Arminius, dem Cheruskerfürsten, vernichtet. Und Kaiser Augustus im fernen Rom stöhnte

Wald, Wiesen, kleine Hügel – so muß man sich wohl die Landschaft vorstellen, in der kurz nach der Zeitenwende drei Tage lang die Varusschlacht wogte.

Zu Kaiser Wilhelms Zeiten liebte man es heroisch: Das herrisch gereckte Schwert sorgt beim Hermannsdenkmal für zusätzliche Höhe.

verzweifelt: »Varus, gib mir meine Legionen wieder!«

Vorausgegangen waren zwei Jahre, in denen die Römer vergeblich versucht hatten, im rechtsrheinischen Germanien ihre Gesetzgebung, Verwaltungsstruktur und Steuerpflicht einzuführen. Dies stieß bei den Germanen auf wenig Gegenliebe. Arminius – 27 Jahre alt, später fälschlich in Hermann eingedeutscht – sah seine Chance. Er sammelte die untereinander zerstrittenen Germanenstämme und organisierte einen Aufstand. Im September des Jahres 9 kam es zu einer dreitägigen, erbarmungslosen Schlacht bei Regen und Nebel. Und am Ende – so will der römische Geschichtsschreiber Dio Cassius wissen – warfen die erschöpften Römer die Waffen weg und

Natürlich ein beliebter »Spielplatz« der Schuljugend im Archäologischen Park Xanten ist der rekonstruierte Kran, der Lasten bis zu neun Tonnen heben konnte.

ließen sich erschlagen. Varus stürzte sich ins eigene Schwert. 20 000 sich in Sicherheit wiegende Legionäre, fast die ganze römische Rheinarmee (und damit etwa ein Sechstel der gesamten Streitkräfte des römischen Imperiums), dazu ein Troß mit Angehörigen, Ärzten, Köchen, Handwerkern und Schlachtvieh sowie eine unbekannte Anzahl von Germanen kamen bei dem Gemetzel ums Leben.

Der »Herr Quinctilius Varus« ist seit dem Fiasko einer der großen Sündenböcke der Weltgeschichte.

Tapfer und verschlagen: Partisanenführer Arminius

Einer Lichtgestalt gleich schien dagegen der Cheruskerfürst Arminius in der schimmernden Rüstung des Freiheitshelden aus dem Dunkel der germanischen Wälder getreten zu sein.

Eigentlich war Varus ein rechtschaffener Mann, der sich bereits in Kleinasien und in Rom bewährt hatte. Als grob fahrlässig ist jedoch sein Vertrauen den germanischen Anführern gegenüber zu nennen. Vor allem baute er auf das Wort seines Freundes Arminius und schlug wohlgemeinte Warnungen auch dann noch in den Wind, als dessen Verrat bereits offensichtlich war. Arminius, ein gleichermaßen tap-

Auch das Amphitheater Xantens wurde rekonstruiert: 12 000 Menschen fanden darin Platz – dabei hatte die Stadt seinerzeit nur 10 000 Einwohner!

Im eleganten Rund: Die Pfeiler-Bogenkonstruktion stützt den oberen Steinaufbau mit den Rängen des Xantener Amphitheaters.

Einen guten Überblick über den Archäologischen Park Xanten gewinnt man vom Laufgang auf der wiederaufgebauten römischen Stadtmauer beim Amphitheater; in regelmäßigen Abständen standen Türme.

ferer wie verschlagener Krieger – noch wenige Tage vor der Schlacht hatte er mit den Römern fröhlich gezecht –, militärisch geschult in römischen Diensten und der lateinischen Sprache mächtig, verstand es, den hochgerüsteten Gegner mit den Mitteln der Partisanen auszumanövrieren. Er war ein Haudegen, nicht zimperlich in der Wahl seiner Waffen, meist im Clinch mit seiner ganzen Verwandtschaft (die ihn schließlich umbrachte), und das Eheleben mit seiner Frau Thusnelda soll ebenfalls nicht immer ungetrübt gewesen sein.

Ergiebige Ausgrabungen beim Kalkriesen

Heute vermutet man, daß die Varusschlacht beim **Kalkriesen** stattfand, einem nördlichen Vorberg des Wiehengebirges im Osnabrücker Land. Die 1989 begonnenen systematischen Ausgrabungen brachten zahlreiche neue Erkenntnisse. Vieles spricht für diese Region; doch solange die Überreste der Gefallenen nicht gefunden sind, wird das Tauziehen um das wahre Schlachtfeld weitergehen. Am Kalkrieser Berg kann man im neueingerichteten Infozentrum aus erster Hand, quasi »druckfrisch«, die neuesten Erkenntnisse erfahren und die jüngsten Funde bestaunen. Die Grabungen sind längst nicht abgeschlossen, und täglich, fast stündlich kann man auf weitere Überraschungen und Sensationen hoffen.

Wer den Römern nördlich des Rheins auf bereits besser erforschten Pfaden begegnen will, dem sei ein Besuch im 1993 neu eröffneten Westfälischen Römermuseum in **Haltern** empfohlen. Dort erwarten den Besucher die Ergebnisse aus fast 100 Jahren archäologischer Forschung in Westfalen in modernster Umgebung. Videos und Tonprogramme ermöglichen die Teilnahme an den Ereignissen, die damals die Welt bewegten.

Als Besonderheit gilt in Haltern das Ausrichten von Kindergeburtstagen auf gut römisch mit Speisen vom Feinsten bei einem richtigen Gelage und römischen Spielen. »Nucibis relictis«, die Nüsse zurücklassen, bedeutete bei den alten Römern »erwachsen werden«, denn Nüssespiele gehörten zu den beliebtesten römischen Kinderspielen. Bei den Erwachsenen erfreuten sich dagegen Brett-

spiele großer Beliebtheit. Einige sind uns noch heute geläufig, etwa »Mühle«. Andere haben moderne Nachfahren gefunden – wie »Ludus XII Scriptorum«, heute besser bekannt als »Backgammon«. Spielsteine aus Glas oder Knochen wurden in großer Zahl in den Römerlagern entlang der Lippe gefunden, die Bretter sind meist verrottet. In ihren Schriften gaben uns jedoch die Römer selbst Hinweise auf die Spielregeln – einem Ausprobieren römischer Brettspiele steht also nichts im Wege.

Der Rhein als natürliche Grenze des Römerreiches

Wir folgen der »Römer-Route« weiter an den Niederrhein. Nach der Niederlage im Teutoburger Wald waren Roms ehrgeizige Pläne, das Reich bis zur Elbe auszudehnen, gescheitert. Statt dessen begnügte man sich nun mit dem Rhein als natürliche Grenze und sicherte den Verlauf durch den Ausbau von Kastellen. Die Kette der Befestigungsanlagen beginnt in den heutigen Niederlanden und folgt dem Rhein bis in die heutige Schweiz; das nördlichste Kastell des niedergermanischen Limes auf deutschem Boden wurde bei **Xanten** entdeckt.
Um 15 v. Chr. wurde Castra Vetera (I) auf dem Fürstenberg nördlich von Birten gegründet. Dieses römische Militärlager hatte jedoch nicht einmal ein Jahrhundert Bestand. Bereits 70 n. Chr. wurde es während des Bataver-Aufstands zerstört. Heute ist von ihm nichts mehr zu sehen; Ackerboden bedeckt die antiken Fundamente.
Die Legionäre gingen jedoch sofort nach Zerstörung dieses Lagers daran, ein neues an anderer Stelle zu errichten: Castra Vetera II. Zur gleichen Zeit entstand nordwestlich davon an der parallel zum Limes verlaufenden Römerstraße eine Siedlung. Diesem Ort wurden um 105 durch Kaiser Marcus Ulpius Traianus die Stadtrechte verliehen. Als Colonia Ulpia Traiana entwickelte er sich nach Köln zum zweitwichtigsten Handelsplatz und Hafen der Provinz Niedergermaniens.
Eine moderne Wasserleitung, ein Kanalsystem und eine funktionierende Infrastruktur machten das Wohnen in Colonia Ulpia Traiana äußerst komfortabel. Innerhalb der Stadtmauern, die mit ihren 6,6 Metern Höhe sowie ihren 25 Türmen und Toren äußerst beeindruckend gewesen sein müssen, lebten etwa 10 000 Menschen, wobei neben »echten« Römern – meist Veteranen der am Rhein stationierten Legionen – romanisierte Germanen und Gallier die Mehrzahl der Einwohner ausmachten.

Mitte des 4. Jahrhunderts wurde Xanten aufgegeben

In der zweiten Hälfte des 3. Jahrhunderts häuften sich die germanischen Angriffe. Bis zur Mitte des 4. Jahrhunderts hatte die Bedrohung der Stadt dermaßen zugenommen, daß die Römer ihre Colonia aufgaben. Die Verwaltung und die Legion wurden

Der Archäologische Park Xanten – hier der Blick vom Hafentempel über das Gelände – bietet vor allem zwischen Mai und Oktober die Möglichkeit, sich mit dem Leben zur Römerzeit vertraut zu machen.

Wen wundert's – das Spielehaus im APX erfreut sich besonders großer Beliebtheit. Es gab schon vor zweitausend Jahren eine erstaunliche Spiele-Vielfalt.

abgezogen, der Ort einfach dem Verfall preisgegeben.

Leicht freizulegen, da nie wieder überbaut

Seit dem 5. Jahrhundert entstand neues Leben in Xanten. Franken errichteten Bauernhöfe, kultivierten das Land, doch die städtische Tradition setzten sie nicht fort. So kommt es, daß Colonia Ulpia Traiana als einzige der einst bedeutenden Römersiedlungen ohne große Schwierigkeiten archäologisch freigelegt werden konnte, da sie nicht unter einer neuzeitlichen Stadtanlage verschwunden ist.

Annähernd die Hälfte des einst 85 Hektar großen antiken Stadtgebiets bildet heute das Gelände des Archäologischen Parks Xanten, nach römischer Manier kurz APX genannt. 1975 begann der Ausbau des Parks. Seither werden archäologische Arbeiten und Rekonstruktionen antiker Gebäude

durchgeführt, die noch längst nicht abgeschlossen sind. Zwar ist das Projekt nicht unumstritten – manche qualifizieren den APX als »historisches Disneyland« ab –, doch kann man an keiner anderen Stelle in Deutschland römische Architektur und Lebensformen so plastisch erleben wie hier.

Kultische Handlungen gehörten zum Alltag

Weithin leuchten die wiedererrichteten, malerischen Säulen des Hafentempels. Das öffentliche wie das private Leben der Römer war bestimmt von kultischen Handlungen. Abreise und Ankunft, Familienereignisse, Verträge und Kriege waren Anlaß für Opfer und Gelübde an die Götter. Der Hafentempel war nach dem Kapitol, das den Staatsgottheiten Jupiter, Juno und Minerva geweiht war, der zweitgrößte Tempel der Stadt. Welcher Gottheit er gewidmet war, ist nicht mehr bekannt. Nach seiner Lage erhielt er von den Ausgräbern den Namen Hafentempel.
Gebaut wurden die Tempel und Villen aus Stein. Und diese Steine mußten transportiert werden. Der rekonstruierte Baukran macht die technische Fortschrittlichkeit der Römer nur allzu deutlich. Ein Gesteinsblock von einer Tonne Gewicht kann mühelos von einem Kind bewegt werden – dank des fünfrolligen Flaschenzugs. Nur die Festigkeit der antiken Seile begrenzte die Kapazität des Krans, doch bis zu

Dafür sind die Römer ja bis heute bekannt – für ihre ausgefeilte Bade- und Bädertechnik. Hier ein Blick in ein rekonstruiertes Badehaus im APX.

Im Zusammenhang mit den Bärenhatzen im Amphitheater ist der Weihestein an den Waldgott Silvanus (jetzt im Regionalmuseum Xanten) zu sehen.

Auch die römische Herberge ist ein Nachbau unserer Tage; hier stehen immer mal »echte« Gelage nach Römerart auf dem Programm.

neun Tonnen schafften die vier Zentimeter dicken Seile allemal.
Die rekonstruierten Baukomplexe – ein Teil der Stadtmauer, das Nordtor, das Amphitheater, die römische Herberge mit anschließender Thermenanlage sowie die Ruine des Hafentempels – vermögen römischen Städtebau weit besser zu veranschaulichen als die andernorts erhaltenen Grundmauerreste. Eine Ausstellung mit Informationstafeln und Modellen im Seitenflügel der Hafenherberge gibt zudem Auskunft. Und wer will (und sich angemeldet hat) kann sogar in der römischen Herberge übernachten.
Immer wieder Neues ist bei den »Römersonntagen« zu entdecken. An jedem Sonntag zwischen Mai und September finden besondere Aktionen statt, die dem jeweiligen Jahresprogramm zu entnehmen sind.
Ein wahrer Publikumsmagnet ist das Spielehaus, in dem römische Spiele zum Mitmachen einladen. Die Palette reicht von Geschicklichkeitsspielen bis zu Glücks- und Strategiespielen, teilweise sogar mit Wettbewerben und Siegerehrung. Vor dem Spielehaus wird Inschriften-Rubbeln angeboten; im Schülertreff kann man das Münzengießen ebenso erlernen wie die Herstellung einer römischen Schreibtafel oder das Biegen einer Schmuckfibel, die in jener reißverschlußlosen Zeit zum Halten von Toga und Tunika diente.
Ein Teil der vor Ort gemachten Funde befindet sich im Regionalmuseum in Xanten, wo 30 000 Jahre Xantner Geschichte lebendig werden. Das Museum besitzt eine der größten Sammlungen römischer Metallgefäße in Deutschland. Mehr als 300 Quadratmeter Ausstellungsfläche wurden 1997 für diese Bestände neu eingerichtet. Aus einer Sonderausstellung entwickelte sich die Abteilung »Tatort CUT«: Der Besucher erhält hier Einblick in die Arbeit der Archäologen in Colonia Ulpia Traiana.

Der hl. Viktor und andere Märtyrer

Bereits in römischer Zeit hatte sich auch in den Provinzen die christliche Religion ausgebreitet. Vor dem Südtor der Colonia wurden seit dem beginnenden 4. Jahrhundert zunehmend Christen auf den römischen Grab-

feldern bestattet. Einer von ihnen war Viktor, ein römischer Offizier. Der hl. Viktor von Xanten wird manchmal als Drachentöter dargestellt, so verschwimmt er etwas mit Siegfried aus der Nibelungensage, von dem gesagt wird, er sei in den Ruinen des römischen Kapitols geboren.

Über dem Märtyrergrab bauten die Anhänger der neuen Religion eine kleine Gedächtniskapelle. Damit war der Anfang für eine Folge von Kirchenbauten gemacht, die in den nächsten Jahrhunderten zu Ehren des hl. Viktor errichtet wurden. Um die Mitte des 8. Jahrhunderts wurde um die alte Viktorkirche ein Stift angelegt, dessen Name auf die ersten Märtyrer hinweist: »ad sanctos« – »bei den Heiligen«. Der Name Xanten war geboren.

Zum Stiftsbau, wie überhaupt für die mittelalterlichen Neubauten, konnte man die Römersteine gut gebrauchen. Xantener Nonnen tauschten römische Steinquader gegen Wein – eine Tatsache, die einen Chronisten des 16. Jahrhunderts bedauern ließ: »Und so rannen die Reste der Römer durch die Kehlen der Nonnen auf und davon.« Ende vom Lied: Die römische Colonia Ulpia Traiana ist gänzlich von der Oberfläche verschwunden – bis sie in unseren Tagen als APX zu neuem Leben erwachte.

Etwas außerhalb Xantens, in der Nähe des verschwundenen Castra Vetera I bei **Birten**, ist die älteste im Rheinland erhaltene Freilichtbühne, das Birtener Amphitheater aus dem 1. nachchristlichen Jahrhundert sehenswert – eine Konstruktion aus Holz und Erde. In den Sommermonaten finden hier seit 1924 stimmungsvolle Aufführungen statt. Manchem Zuschauer läuft schon deshalb ein Schauer über den Rücken, weil hier einst die 18. Legion stationiert war, eine jener Legionen, die in der Varusschlacht untergegangen sind.

In **Neuss** hatte Drusus, der Feldherr und Stiefsohn des Kaisers Augustus, eine seiner vier Aufmarschbasen errichten lassen: Novaesium. Auf einem archäologischen Spazierweg kann man das einstige Lager umrunden, vorbei an den Nachbildungen der imposanten Säule mit dem thronenden Jupiter und des römischen Steintisches. Tische dieser Art standen einst in den Kellern von Gutshöfen. Es empfiehlt sich jedoch, zuerst dem »Römerkeller« des Clemens-Sels-Museums einen Besuch abzustatten und ein Informationsblatt mit auf den Spaziergang zu nehmen. Eine nachgebaute Küche im Museum mit typischem Inventar macht Appetit auf die Eßkultur der Römer.

Neuss war auch eine römische Gründung. Im Clemens-Sels-Museum gibt es eine große Römerabteilung – hier mit Exponaten aus dem Militärbad Koenenlager.

Mittelpunkt der einzigartigen Grabkammer in Köln-Weiden ist der Sarkophag, auf dem – links und rechts vom Bildnis eines Ehepaars – Knaben mit Früchten und Tieren die Jahreszeiten symbolisieren.

Köln, einst Hauptstadt Niedergermaniens

Im Römisch-Germanischen Museum zu bewundern ist dieser seltene Porträt-Kopf des Kaisers Augustus aus Glas; er wurde vermutlich im 1. Jahrhundert n. Chr. in Italien gefertigt.

Die verfeinerte Lebensart der Römer – in Kölns berühmtem Römisch-Germanischem Museum wird sie höchst anschaulich vor Augen geführt. Die Relikte über oder unter der Straße sind nicht annähernd so augenfällig, obschon die Stadt – seinerzeit die Colonia Claudia Ara Agrippinensium – einst eine wichtige Rolle in der römischen Weltmachtpolitik spielte.

Die herrlichsten Funde aus römischer Zeit wurden im Römisch-Germanischen Museum zusammengetragen, und es empfiehlt sich, hier den Stadtrundgang auf den Spuren der alten Römer zu beginnen. Das Museum, gleich beim Dom gelegen, wurde über den Mauern einer römischen Luxusvilla errichtet. Mit ihren über 20 Räumen hatte sie fast die Größe des heutigen Museumsgebäudes: über 3400 Quadratmeter!
Ein prachtvolles Fußbodenmosaik (um 220/230 n. Chr.) ist an Ort und Stelle konserviert und in die Ausstellungsräume einbezogen. Es zählt zu den schönsten nördlich der Alpen und zierte wohl einst das Speisezimmer der Villa, worauf die Szenen aus der trinkfreudigen Welt des Weingottes Dionysos schließen lassen. Bereits von außen ist der etwa 7 mal 10,5 Meter große »Teppich« aus Tausenden kleiner Steinchen zu sehen. Auch ein anderes Paradestück des römischen Köln ist von draußen zu erkennen: der monumentale Grabbau des vor nahezu zwei Jahrtausenden verstorbenen Legionärs Poblicius (um 40 n. Chr.).
Der Hauptteil der Sammlungen wird jedoch im weitläufigen Obergeschoß gezeigt, das in der Art römischer Häuser um einen Innenhof angelegt ist. Römische Architekturteile, Inschriften, Porträts, Keramik und anderes mehr lassen einen Hauch vom großstädtischen Flair der Römerstadt spüren. Ein fahrtüchtig rekonstruierter Reisewagen bezeugt den hohen Standard der Technik. Das gilt auch für die eintausend ausgestellten Gläser, die zumeist aus Kölner Gräbern stammen. Besonderen Rang hat die großartige Sammlung römischen Schmucks.

Von der Ubier- zur Römerstadt

Oppidum Ubiorum, Stadt der Ubier, lautete der erste Name der Siedlung. Um 38 v. Chr. ließ der Feldherr Agrippa, Freund und Schwiegersohn Kaiser Augustus', die keltischen Ubier vom jenseitigen, germanischen Rheinufer hier siedeln. Aus dieser Zeit stammt das Ubiermonument in den Grundmauern des Hauses An der Malzmühle 1: die Reste eines mächtigen Turms aus großen Tuffsteinblöcken, der einst zum Schutz des Hafens errichtet worden war. Er ist nicht nur der älteste Quaderbau Kölns, sondern aller nordwestlichen Provinzen.
Als Agrippina dem Ort im Jahre 50 n. Chr. das römische Stadtrecht verleihen ließ, bildete sich der zweite Name: Colonia Claudia Ara Agrippinensium,

Zu den Relikten der römischen Stadtbefestigung zählt der »Römerturm« von etwa 50 n.Chr. Die Zinnenbekrönung ist 19. Jahrhundert.

Im Keller des Kölner Rathauses sind die Fundamente des römischen Prätoriums zu sehen, im Vordergrund ältere Baureste.

Claudische Kolonie, Altar der Agrippinenser. Fortan nannten die Römer ihre Stadt kurz CCAA, stolz eingemeißelt in den Bogen des nördlichen Stadttors. Später hat sich die Kurzform Colonia – Köln – durchgesetzt.
Die »Stadtgründerin» wird als ebenso schöne wie kaltherzige Frau beschrieben, als klug und ehrgeizig. Nach fünf Ehejahren ließ sie ihren Gatten, Kaiser Claudius, kurzerhand töten, bevor sie selbst durch ihren Sohn Nero umgebracht wurde.
Im wahrsten Sinne des Wortes »mit dem Fahrstuhl in die Römerzeit« – so der Titel des noch immer lesenswerten Klassikers von Rudolf Pörtner über die Römer in Deutschland – geht es im alten Rathaus. An seiner Stelle stand einst das wohl beeindruckendste Gebäude der Colonia, das Prätorium, der Palast des Statthalters von Niedergermanien. Bereits wenige Jahrzehnte nach der Stadterhebung war CCAA nämlich zur Hauptstadt der gesamten Provinz aufgestiegen.

Konstantins Königspalast, altes Abwassersystem

Bei Ausschachtungsarbeiten stieß man 1953 auf die Reste des Palastes, die in der Folgezeit sorgfältig untersucht wurden. Dabei stellte man fest, daß Konstantin der Große († 337), jener Konstantin, der Konstantinopel seinen Namen gab, an der Stelle verschiedener Vorgängerbauten eine weitläufige Regia, einen Königspalast, errichtet hatte: ein prächtiges, repräsentatives Gebäude mit einer über 90 Meter langen Wandelhalle, höchst luxuriös ausgestattet. Der wichtigste Teil der ausgegrabenen Palastmauern ist heute, unter einer Spannbetondecke gesichert, für Besucher zugänglich. Von hier ist der Abstecher ins unterirdische Abwassersystem ein Muß. Rund 140 Meter des übermannshohen und inzwischen trockenen Kanals sind begehbar. Nicht nur in Rom verfügten die Römer über ein ausgeklügeltes Abwassersystem. Auch in Köln lag eine »cloaca maxima« etwa sieben Meter unter dem römischen Straßenniveau. Sie neigte sich leicht nach Osten, dem

Vom Prätorium in einen Abschnitt des römischen Abwasserkanals: Der über zwei Meter hohe Gang wurde sehr sorgfältig erbaut.

Rhein zu. In kleinen Rinnen wurde das Abwasser in den Straßen gesammelt und dann in sogenannten Hauptsammlern – wie unter dem Rathaus zu besichtigen – in den Fluß geleitet.

Einst gab es mindestens zehn dieser tunnelartigen Anlagen im Stadtgebiet.

Nicht weniger raffiniert war die Frischwasserversorgung, die in Köln ebenfalls noch zu erkennen ist, etwa in der Grünanlage an der Drususgasse. Ihr Frischwasser bezogen die Bewohner von CCAA als reines Quellwasser aus der Eifel. Eine fast 100 Kilometer lange Wasserleitung mit Aquädukten transportierte es in die Stadt, wo öffentliche Badeanlagen ebenso wie private Brunnen damit gespeist wurden. Man hat errechnet, daß bis zu 200 Liter pro Sekunde durch diese Leitungen geflossen sind und das über mehr als 300 Jahre. So hat das stark kalkhaltige Eifelwasser eine bis zu 20 Zentimeter dicke Kalkschicht in der Rinne abgelagert. Heute kann man die gesamte Strecke auf einem eigenen »Römerkanalweg« bis Nettersheim erwandern und stößt dabei immer wieder auf interessante Reste der alten Fernwasserleitung.

Ein seltenes Diatretglas: Köln als Zentrum römischer Glasproduktion hat eine der weltweit größten Römerglas-Sammlungen.

Mauer- und Turmreste blieben erhalten

Kurz nach der Stadterhebung im Jahre 50 wurde die Stadt befestigt. Etwa einen Quadratkilometer umfaßte das Geviert der Römerstadt, das bis heute im modernen Straßenverlauf abzulesen ist. Noch immer ist die Hohe Straße, der römische »Cardo Maximus«, die Nordsüdachse. Vom Nordtor, von dem 1971 Teile wieder an der Domterrasse aufgerichtet wurden, führte die Straße zum Forum. Relikte der alten Stadtmauer sind an verschiedenen Stellen erhalten; außer Mauerresten auch Teile der etwa 20 Türme und Tore.

Am besten erhalten ist der »Römerturm«, der ehemals die Nordwestecke der Stadtmauer markierte. Der kunstvolle Bau aus verschiedenfarbigen Steinen wurde bereits um 50 n. Chr. errichtet; die Zinnenbekrönung erhielt er allerdings erst im 19. Jahrhundert. Sein Überleben verdankt der Turm der wenig respektvollen Zweckentfremdung im Mittelalter: Er diente als Latrine.

Gegen Osten, gleich hinter dem Prätorium, bildete ein heute verschwundener Rheinarm die Stadtbegrenzung. Hier war der Hafen. Die Römer verließen die befestigte Stadt auf der Hafenstraße und gelangten über eine Brücke zur einstigen Rheininsel, das heutige Martinsviertel.

Sehenswerte Grabkammer in Köln-Weiden

Grabungen in Groß Sankt Martin brachten Sensationelles zu Tage: Unter der Nordapsis entdeckte man die Reste eines römischen Swimmingpools von beachtlicher Größe. Doch bereits in römischer Zeit mußten das Schwimmbad und die angrenzende Sportanlage geräumigen Lagerhallen weichen, die für zu verschiffende oder bereits im Hafen gelöschte Güter erforderlich waren. Köln war zur führenden Handels- und Hafenstadt am Rhein aufgestiegen. Seit dem 4. Jahrhundert führte von der Rheininsel zudem – in der Verlängerung der heutigen Salzgasse – eine Brücke über den Rhein. Rechtsrheinischer Brückenkopf war das um 310 angelegte Kastell Divitia, Deutz.

Eine der besterhaltenen römischen Grabkammern nördlich der Alpen ist einen Abstecher in den Vorort **Weiden** wert. An der Aachener Straße befindet sich der heute von einer Glaskuppel überwölbte Raum. Als man das Grab um die Mitte des 19. Jahrhunderts öffnete, fand man 29 Urnen in den Nischen und einen reichen Schatz an Steinplastiken, deren Entstehungszeit um 190 vermutet wird. Prunkstück ist der wannenförmige, meisterhaft gefertigte Jahreszeitensarkophag einer späteren Generation. Da der Raum in Ausmalung und Ausstattung dem Speisezimmer einer vornehmen Villa gleicht, vermutet man, daß hier in grauen Vorzeiten Totenmahle abgehalten wurden.

Vom südlichen Gräberfeld an der Straße nach Bonn stammt das Grabdenkmal des Poblicius (Römisch-Germanisches Museum).

Am Nordeingang der Stadt Trier wurde die Porta Nigra errichtet. Der repräsentative Bau aus hellgrauem Kalkstein dunkelte rasch nach – so erhielt er seinen Namen: Schwarzes Tor.

Trier – eine Perle des Römischen Reiches

Eine Großstadt von Weltrang: Trier. Die älteste Stadt Deutschlands hatte im 4. Jahrhundert um die 70 000 Einwohner (heute sind es mit Eingemeindungen 100 000) und war neben Rom, Alexandria und Konstantinopel eine der vier Metropolen des Imperium Romanum. Die 16. v. Chr. als Augusta Treverorum gegründete Stadt präsentiert viele Bauten und Schätze aus der Römerzeit.

Ein Bodenmosaik mit Philosophenporträts (Rheinisches Landesmuseum) zeigt auch den griechischen Naturphilosophen Anaximander (611 bis 546 v. Chr.) mit einer Sonnenuhr.

Als Wahrzeichen des römischen Deutschland schlechthin gilt die Porta Nigra, das »schwarze Tor«, einst Stadttor des alten Augusta Treverorum. Mit seiner Höhe von 30 Metern verschlägt es uns heute noch den Atem. Um wieviel imposanter muß es in der wolkenkratzerlosen Zeit unserer germanischen Ahnen gewirkt haben, die bis dato einzig Holz, Stroh und Lehm als Baumaterial kannten? In der zweiten Hälfte des 2. nachchristlichen Jahrhunderts wurde die Stadt befestigt; die Porta Nigra, der nördliche Zugang, ist als einziges Stadttor erhalten geblieben – und das in einem hervorragenden Zustand. Im ganzen Römischen Reich, nicht einmal in Rom selbst, ist heutzutage noch ein ähnlich monumentales Stadttor zu finden.

Aus Quadersteinen ohne Mörtel wurde das Monument präzise wie kaum ein zweites Gebäude im römischen Germanien errichtet und konnte so nun bald zwei Jahrtausende den Feinden sowie Wind und Wetter trutzen. Die Feinde hatten es besonders schwer, denn selbst wenn es ihnen gelungen war, ins Tor einzudringen, saßen sie dort in der Falle und konnten von der Galerie aus mühelos bekämpft werden. Der zwingerartige Hof war nach außen hin mit einem Fallgitter zu

Ein Blick in die Porta Nigra zeigt auf der Innenseite des Westturms noch Reste der Kirchenzeit: die Orgel-Nische und Rokoko-Dekor.

verschließen – die »Laufschienen« sind bis heute zu erkennen –, zur Stadt mit einem Holztor.
Im Mittelalter wurde die Porta Nigra als Kirche zweckentfremdet: An den Ostturm baute man eine spätromanische Chorapsis. Der Turm hatte im 11. Jahrhundert dem hl. Simeon als Einsiedelei gedient. Die Kirche wurde über die Jahre modernisiert, bis 1803 Napoleon dem ein Ende setzte: Das Römertor sollte von allem »Entstellenden« befreit werden. Doch folgte man der napoleonischen Ordre nur halbherzig, so daß heute noch ein Konglomerat verschiedener Epochen erhalten ist.

Schon bald eine wichtige Siedlung

Die Anfänge des römischen Triers sind um nahezu 200 Jahr älter als die Porta Nigra. Im großen Imperium hatten die Römer bereits vor der Zeitenwende nach einem gut gelegenen Platz gesucht, den sie zum Mittelpunkt für die nördlichen, zum Teil noch nicht einmal eroberten Provinzen wählen konnten. Der Ort an der Mosel schien besonders günstig zu sein, sei es für die Handelsbeziehungen, sei es in Hinblick auf die künftigen Feldzüge jenseits des Rheins. Die Römer verbanden hier Fernstraßen mit einer Brücke über die Mosel. Im übrigen sollte die Neugründung das aufmüpfige Volk der einheimischen keltischen Treverer unter römischer Kontrolle halten.
Schon bald nach der Gründung um 16 v. Chr. zogen Siedler, Beamte und Handwerker in die neue Metropole, die explosionsartig anwuchs. Das Amphitheater und die neuentdeckten Thermen am Viehmarkt gehören mit ihrer Errichtung um 100 n. Chr. zu den ältesten Großbauten. Ein enormer Reichtum des städtischen Bürgertums mag um 180 der Grund für den Bau der gewaltigen Barbarathermen gewesen sein, die – soweit heute bekannt – zu ihrer Zeit die zweitgrößten Thermen im ganzen Römischen Reich gewesen sind, lediglich übertroffen von den Traiansthermen in Rom. Heute freilich sind nur noch Reste der Fundamente und Kellergänge zu sehen: Seit dem 17. Jahrhundert wurden sie als Steinbruch genutzt.

Aufstieg zur Weltstadt im Römischen Reich

Zur wirklichen Weltstadt stieg Trier Ende des 3. Jahrhunderts auf, als es im Rahmen der Neuordnung des Römischen Reiches unter Diokletian Residenz- und gleichzeitig Hauptstadt des Westens – von Nordafrika bis Britannien – wurde. Unter Konstantin dem Großen, dem ersten christlichen Kaiser, und seiner Mutter, der später heiliggesprochenen Helena († 330), gewann die Stadt noch größere Bedeutung. Die Palastaula (Basilika), 310 von Konstantin als Krönungshalle errichtet, demonstriert pure Macht. Noch heute ist der hochragende Ziegelbau weithin sichtbar, in der Zwi-

Die Palastaula war der größte stützenlose Raum der antiken Welt: 67 Meter lang, 27 Meter breit und 30 Meter hoch; die Mauern sind zwischen 2,7 und 3,4 Meter dick.

Immer noch anschaulich ist dieses Luftbild der Kaiserthermen, auch wenn inzwischen einiges ergänzt wurde. Die monumentale Anlage mißt 250 mal 145 Meter.

schenzeit mit dem barocken kurfürstlichen Palast zur Einheit verschmolzen. Im Innern des nach den Zerstörungen des Zweiten Weltkriegs wiederhergestellten Gebäudes erwartet uns eine Halle von imponierender Größe. Der überwältigende Eindruck läßt kaum glauben, daß in spätrömischer Zeit alles noch beeindruckender gewesen sein muß: Der Raum war geschmückt mit Marmor, Goldmosaiken und Statuen.

Ruinen im Stadtbild: die Kaiserthermen

Als sichtbare Zeugnisse der römischen Residenzstadt, bestimmen neben der Basilika noch heute Reste des Kaiserpalastes und vor allem die Kaiserthermen als romantische Ruinen das Stadtbild. Der Eingang befindet sich an der Südseite des barocken Palastgartens. Ebenso wie beim gleichzeitigen Bau der Basilika wurden ältere römische Bauten eingeebnet, um ein Baugelände von 250 Metern Länge und 145 Metern Breite zu schaffen.

Hypokausten heißt die Fußbodenheizung der Römer; hier ist der Hohlfußboden freigelegt. Sklaven sorgten dafür, daß reichlich heiße Luft in die Hohlräume geleitet wurde.

Und ebenso wie die Basilika sollten auch die neuen kaiserlichen Thermen der Repräsentation dienen. Doch wurden sie nur im Rohbau vollendet. Möglicherweise verkam der Bau; auf jeden Fall erhielt er eine andere Bestimmung und wurde Ende des 4. Jahrhunderts teilweise in die Palastanlage integriert.
Aus der Zeit Konstantins stammen auch die ältesten Teile des Trierer Domes. Etwa 3,50 Meter unterhalb des heutigen Kirchenbodens wurde 1945/46 bei Grabungen eine bemalte Putzdecke aus konstantinischer Zeit entdeckt. Nach jahrelanger mühevoller Puzzle-Arbeit fügten sich die vielen tausend Bruchstücke zu jener herrlichen Kassettendecke zusammen, die zu den Glanzpunkten spätantiker Malerei zählt und heute nicht nur das Prunkstück des Dom- und Diözesanmuseums ist, sondern wohl zu den römischen »Highlights« in Deutschland überhaupt gezählt werden kann.
Noch immer haben die Bilder der tanzenden Eroten und der zum Teil reich geschmückten Personen eine verblüffende Leuchtkraft. Vor allem die Damen mit Schmuckschatullen und Spiegel wecken die Neugier: Wer waren sie? Mitglieder des konstantinischen Kaiserhauses? Der »Prunksaal« gehörte einst zu einer luxuriösen Wohnanlage, vermutlich war er Teil des kaiserlichen Palastes. Dazu gibt es noch viele Fragen; möglicherweise steht der Palastuntergang in Zusammenhang mit einem Kriminalfall in der kaiserlichen Familie.

Skandal im 4. Jahrhundert: zwei Morde im Palast?

Es wird vermutet, daß die Wohnanlage um 315/16 für Caesar Crispus, der als Statthalter für seinen Vater Konstantin in Trier residierte, modernisiert wurde. Crispus wurde jedoch wegen angeblicher ehebrecherischer Beziehungen zu seiner Stiefmutter Fausta hingerichtet, während Fausta auf Befehl

Vom Palastgarten gelangt man auf das Areal der Kaiserthermen, deren am besten erhaltener Teil der Warmbadesaal (Caldarium) ist; hier die Rückseite.

Das mythologische Paar Medea und Jason bei der Gewinnung des Goldenen Vlieses – Wandmalerei im Rheinischen Landesmuseum.

Konstantins im Bade erstickt wurde. Möglicherweise um die Erinnerung an Crispus auszulöschen, wurde der Palast zerstört und an seiner Stelle eine Kirche errichtet.
Der schier unerschöpfliche Boden Triers gibt seit Jahrhunderten die Hinterlassenschaft der römischen Stadtbevölkerung frei: kunstvolle Mosaiken und Malereien, bedeutende Porträts reicher Händler und die Münzen aus der Trierer Prägestätte. Vom wirtschaftlichen Aufschwung, den die Moselmetropole in den ersten Jahrhunderten der römischen Kaiserzeit erlebte, zeugen obendrein die prächtigen Grabmäler mit Darstellungen von Weinhandel und Wohlstand.

Im Museum den Römer-Alltag erleben

Die Produkte der Ziegeleien und Töpfereien, erlesene Sigillaten (feines, reliefiertes Tongeschirr) und grobes Gebrauchsgeschirr, kunstvoll gefertigtes Alltagsgerät und aufwendiger Schmuck vermitteln uns im Rheinischen Landesmuseum eine Ahnung vom einstigen Luxus in Augusta Treverorum. Bereits um 1800 erkannte man die historische Bedeutung, pflegte die Römerbauten und trug in der Porta Nigra die schönsten Steindenkmäler zusammen – später der Grundstock für das Rheinische Landesmuseum Trier.
Gleichsam als »Gründungsurkunde« steht eine Holzscheibe, die vom Pfahl der ersten Moselbrücke stammt und deren Alter man auf das Jahr 17 v. Chr. datiert. Unter den vielen hervorragenden Steindenkmälern des Museums ist das »Neumagener Weinschiff« (um 220 n. Chr.) wohl das bekannteste. Einst diente es als Bekrönung eines monumentalen Grabmals eines reichen Weinhändlers. Heute ist es vor allem ein wichtiges Zeugnis für antiken Schiffbau und antikes Transportwesen. Fast ebenso bekannt ist das »Neumagener Schulrelief« (um 180 n. Chr.), das Generationen von Lateinschülern in ihren Lehrbüchern abgebildet fanden. Es zeigt einen Lehrer mit drei Schülern, wohl ein privater Hausunterricht in einer wohlhabenden Familie.

Der reiche Mosaikschatz des Museums zählt zu den wertvollsten Sammlungen römischer Kunst. Während einfachere Häuser in ihren Räumen Fußböden aus gestampftem Lehm mit Brettern darüber oder Estrichböden hatten, waren römische Luxusvillen zum Teil mit atemberaubend

Wichtige Hinweise auf die Lebensgewohnheiten der Römer vermitteln die Grabdenkmäler – hier im Neumagener Saal des Rheinischen Landesmuseums.

schönen Mosaikböden geschmückt. Zwei Drittel der in Deutschland entdeckten Mosaiken stammen aus dem Trierer Raum. Es handelt sich um etwa 180 Bildflächen von zum Teil hervorragender Qualität. Einige der prunkvollen Mosaike sind jeweils an der Fundstelle konserviert, so in Nennig an der Mosel und in Bad Kreuznach. Die meisten wanderten jedoch ins Rheinische Landesmuseum. Herausragend ist die Darstellung des siegreichen Rennfahrers Polydus (um 250 n. Chr.), der mit seinem Vierergespann gerade eine Ehrenrunde zu

Links: In Nennig zu bewundern: ein Schiedsrichter zwischen einem Dreizackkämpfer und einem Gladiator mit Schild.

drehen scheint. Durch die Inschrift ist auch der zweite Publikumsliebling auszumachen: Compressor, das Leitpferd (siehe Seite 8).
Insgesamt drei Rennfahrermosaike sind aus Trier bekannt und dokumentieren den intensiven Circusbetrieb an der Mosel. Die Römer hatten die Begeisterung für teuere Pferde, schnelle Wagenrennen und die damit verbundenen hohen Wetten nach Germanien gebracht. Antike Schriftsteller schildern, wie die Menschenmassen im Circus ihren Favoriten zujubelten. Lorbeerkranz und Palmzweig waren neben hohen Geldbeträgen die Preise, die dem Sieger winkten.
Etwa 500 Meter östlich der Kaiserthermen, außerhalb des einstigen römischen Stadtkerns, liegt das Amphitheater. Es wurde um 100 n. Chr. an der Stelle eines hölzernen Vorgängertheaters errichtet und zählte mit seinen 20 000 Plätzen zu den größeren Anlagen dieser Art. Eine Besonderheit ist, daß nicht das ganze Oval aus Stein errichtet wurde, sondern zum Teil die Lage an einem Hang, dem Petrisberg, genutzt werden konnte. Durch vier Eingänge strömte das Volk, um dem zum Teil grausigen Treiben beizuwohnen: Gladiatorenkämpfen und Tierhatzen, die häufig auch für die »Bestiarier«, die Hetzer, böse enden konnten, wie etwa das Mosaik aus der palastartigen Villa in Nennig zeigt: Der gepeitschte Bär hat bereits einen seiner Peiniger zu Boden gerissen.

Das »Schulrelief« aus Neumagen (Rheinisches Landesmuseum) zeigt höchst lebendig den bärtigen Lehrer inmitten seiner drei Schüer.

Gladiatorengräber und Weinbaukultur

An der Ostseite des Amphitheaters wird derzeit gegraben, und die grausige Vermutung bestätigte sich: In einem bislang unbekannten Gräberfeld fand man in geringer Tiefe ohne Sorgfalt bestattete Körper. Zur Überraschung der Archäologen enthielten einige der Gräber nur Teile menschlicher Skelette, in einem Fall lediglich einen Schädel. Nach Ansicht der Grabungsleitung könnte es sich um einen Bestattungsplatz für getötete Gladiatoren handeln, zumal in der Nähe offenbar auch Tierkadaver verscharrt waren. Gladiatoren hatten normalerweise den Status von Sklaven, die als Sachbesitz galten.
Doch nicht nur Spiele und Kämpfe hatten die Legionäre im Marschgepäck, sondern auch die Kunstfertigkeit, Wein anzubauen und zu keltern. An den Moselhängen gedieh bald ein vorzügliches Tröpfchen. Der Dichter Ausonius besang die Mosel als »Strom zwischen Reben an Hängen, wo duftende Weine gedeihen«. Heute ist hier eines der größten Rieslinganbaugebiete der Welt. Weinorte wie **Piesport, Brauneberg** und **Trittenheim** hatten bereits zur Zeit des römischen Imperiums einen guten Ruf. Noch heute wird beim Piesporter Kelterfest, nachdem das Treten der Trauben erledigt wurde, die Maische von eifrigen »Römern« in die Preßkörbe der Baumkelter gefüllt. Und wie vor 2000 Jahren entsteht köstlicher Rebensaft.

In Igel steht das Original, in Trier eine Kopie – in vielleicht ursprünglicher Farbigkeit – des Grabmals zweier Tuchhändler.

Kleine geografische Verwirrung: Nördlich von Welzheim liegt das imposante – natürlich rekonstruierte – Westtor in einem frei zugänglichen archäologischen Park.

Immer am Limes entlang durch Obergermanien

»Limes« bedeutet eigentlich nur Waldschneise, doch rasch bürgerte sich der Ausdruck für Reichsgrenze ein – und die mußte geschützt werden: durch Wall, Palisaden oder gar eine Mauer. Gut 500 Kilometer erstreckte sich die Grenzbefestigung der Römer durch Germanien: Die bedeutendste Verteidigungsanlage der Welt – abgesehen von der über 6000 Kilometer langen Chinesischen Mauer.

Im sehenswerten Römisch-Germanischen Zentralmuseum zu Mainz befindet sich diese Kopie eines Marmorsarkophages (3. Jahrhundert) mit Szenen aus der Jonas-Legende.

Beginnen wir unsere obergermanische Limesreise in **Mainz**, dem einstigen Mogontiacum, Hauptstadt der Provinz Obergermanien, Sitz des Statthalters und neben Castra Vetera (Xanten) das stärkste Bollwerk der gesamten Rheinverteidigung. Wieder war es Drusus, der ein Lager errichtete, ein castrum, das im Namen des Stadtviertels »Kästrich« bis heute weiterlebt. Erst 1984 fand man hier die Reste eines spätrömischen Tors. Der Überlieferung nach soll Drusus im Alter von nur 25 Jahren um 10/9 v. Chr. in dieser Gegend nach einem Sturz vom Pferd gestorben sein – von den Soldaten tief betrauert. Der Leichnam wurde nach Rom überführt, wo er feierlich auf dem Forum verbrannt wurde. Die Reste des Drusussturms erinnern in Mainz an diesen Mann. Ansonsten sind die Römer-Spuren im Stadtbild eher dürftig – sieht man einmal von der Nachbildung der berühmten Jupitersäule ab. Doch gleich zwei sehenswerte Museen konkurrieren mit Römerfunden der Superlative: das Mittelrheinische Landesmuseum, eines der ältesten Museen Deutschlands, präsentiert im ehemaligen Marstall in einem imposanten Lapidarium Steindenkmäler aus der Römerzeit, während das Römisch-Germanische Zentralmuseum im kur-

Im Stadtbild von Mainz – einst immerhin die größte und bedeutendste Militärstadt der Region – zeugt noch der Drususturm von römischer Zeit.

fürstlichen Schloß, ebenfalls bereits um die Mitte des 19. Jahrhunderts gegründet, seit 1993 jedoch neu geordnet, zu den international führenden archäologischen Forschungsinstituten zählt. Seine Restaurierungswerkstätten haben Weltruhm.

Größte Römervilla in Bad Kreuznach

Von Mainz lohnt ein Abstecher nach **Bad Kreuznach**, zur wohl größten Villa im römischen Deutschland. Die immense Größe des zweistöckigen Gebäudes – allein das Erdgeschoß hatte über 50 Räume – sowie die prächtige Innenausstattung mit Marmorarbeiten, Stuck und Wandmalereien weisen auf einen überaus wohlhabenden Besitzer hin, dessen Namen man jedoch nicht kennt. Um die Mitte des 2. Jahrhunderts entstand dieser Palast.
Zentral in der Südfront befand sich der große Repräsentationssaal mit Wasserspielen und dem herrlichen sogenannten Oceanus-Mosaik (Mitte 3. Jahrhundert). Um den beherrschenden Kopf eines Meeresgottes gruppieren sich Szenen aus Schiffahrt und Handel, Küstenlandschaften und Architekturen. Dazwischen tummelt sich so manches Meeresgetier, etwa der niedliche Schlangenstern und jede Menge kurioser Schnecken.
Eine Besonderheit ist, daß der Künstler das Werk signierte: »Victorius, der Mosaizist, hat es gemacht«. Leider läßt sich Victorius auf keinem weiteren Mosaik nachweisen. Ob es sich bei dem kahlköpfigen Seemann, der unterhalb der Signatur erkennbar ist, um ein Selbstporträt handelt, kann nur vermutet werden.
Ein nicht minder aufwendiges Mosaik über einer Fußbodenheizung zierte wohl den Speisesaal. Um ein rundes Mittelfeld, das eine Tierhatz zeigt, sind dramatische Szenen mit Gladiatoren- und Tierkämpfen angeordnet. Beide

Am Deutschhausplatz von Mainz steht die Nachbildung einer imposanten Jupitersäule.

Der Name Römerberg in Frankfurt hat durch die Jahrhunderte die Erinnerung wachgehalten: Heute steht rekonstruiertes Fachwerk dort, wo einst eine römische Badeanlage war.

Mosaike sind mit anderen Funden in der benachbarten »Römerhalle« zu bestaunen.

Frankfurt war einst offensichtlich ein römischer Militärstützpunkt. Am heutigen Römerberg wurden Reste einer Badeanlage freigelegt. Doch viel kann man hier aus römischer Vergangenheit nicht mehr sehen. Außerordentlich lohnend ist freilich ein Besuch im Museum für Vor- und Frühgeschichte, das seit dem Umbau von 1989 die Funde aus der Römerstadt Nida im heutigen Stadtteil Heddernheim und den umliegenden Gegenden in neuem Licht präsentiert.

Nördlich der Mainmetropole wurden zahlreiche Gutshöfe, villae rusticae, entdeckt, einige in Notgrabungen untersucht, um sie gleich wieder zuzuschütten, wie die von 1994 bis 1996 erforschte Anlage »Brückfeld«. Sie liegt nahe der Landstraße nach Gambach, einem Ortsteil des hessischen **Münzenberg**. Rund 350 römische Siedlungsplätze sind derzeit in der Wetterau bekannt, doch nur die wenigsten sind ergraben und erforscht. Im Wetterau-Museum in **Friedberg** kann man wenigstens einige Funde von diesen Gutshöfen sehen.

Von Butzbachs Kastell zur wilhelminischen Saalburg

Im Stadtwald des nahen **Butzbach** dient der Rest des römischen Erdwalls als Promenade, überragt von einem hölzernen, rekonstruierten Wachturm. Beim Kastell am Nordrand der Stadt, in dem römische Legionäre vom 1. Jahrhundert bis 260 stationiert waren, erinnert die Kopie einer Jupitergigan-

tensäule an die Römer (heute Landesmuseum Darmstadt).
Etwa zur gleichen Zeit war das Kastell im etwas südlicher gelegenen **Saalburg** besetzt. Mitte des 19. Jahrhunderts wurde es ergraben und – wie die Inschrift am Haupttor verrät – von Kaiser Wilhelm II. zu Ehren seiner Eltern wiedererrichtet. Vieles mutet an dem Kastell daher auch eher wilhelminisch als antik an. Das in der ehemaligen Kommandantur und im Getreidespeicher untergebrachte Museum zeigt antike Grabungsfunde.

Ein gutes Stück südostlich von Frankfurt beginnt in Miltenberg die **Deutsche Limesstraße**, die – immer entlang des Limes – bis nach Regensburg führt. Auf dem rund 105 Kilometer langen Teilstück des obergermanischen Limes (von Miltenberg bis Schwäbisch Gmünd) konnten 159 Türme nachgewiesen werden und 23 Kastelle.
Die römische Grenze war – wo nicht ein Fluß eine natürliche Grenze bildete – zunächst einfach eine Waldschneise. Kaiser Domitian ließ im 1. Jahrhundert diese Schneisen, lat. limites (Plural von limes), schlagen. Taci-

Saalburg wurde unter Kaiser Hadrian im 2. Jahrhundert anstelle eines älteren Kastells errichtet und um 260 aufgegeben. Kaiser Wilhelm II. ließ alles – einschließlich der Kaiserstatue – rekonstruieren.

tus verwendete das Wort »limes« Ende des 1. Jahrhunderts erstmals im Sinn von »Reichsgrenze«.
In den Schneisen verlief ein Postenweg, auf dem regelmäßig Soldaten patrouillierten. Überwacht wurde der Weg von Holztürmen aus, die in Sichtweite voneinander standen und die heute an verschiedenen Stellen rekonstruiert wurden, etwa bei **Großerlbach**, **Lorch** und bei **Gailsbach** südlich von Öhringen.
Vermutlich ließ Kaiser Hadrian im 2. Jahrhundert vor den Postenweg eine Palisade aus Holz setzen, die heute ebenfalls mancherorts wiedererstanden ist, etwa nördlich von **Walldürn** oder südlich von **Grab**. Seit der Mitte des 2. Jahrhunderts wurden die hölzernen Türme nach und nach durch steinerne ersetzt, wie sie bei **Taunusstein** oder am Ortsrand von Grab im Nachbau zu bewundern sind.

Limes: eine 500 Kilometer lange Verteidigungsanlage

Doch die Feinde wurden immer dreister. In der letzten Ausbauphase, vermutlich zu Beginn des 3. Jahrhunderts, verband man die Steintürme in Rätien mit einer 1,2 Meter breiten und drei bis vier Meter hohen Mauer und in Obergermanien mit Wall, Graben und Palisaden. Letztere sind bei **Jagsthausen** auf knapp 300 Metern oder bei **Mainhardt** noch gut im Gelände erkennbar. Während sich darin der obergermanische vom rätischen Limes unterscheidet, wurden Türme und Kastelle in beiden Provinzen weitestgehend nach einheitlichen Bauplänen errichtet: insgesamt rund 60 Kastelle und 900 Wachtürme. Der Limes war mit über 500 Kilometern die längste und mächtigste Verteidigungsanlage der Welt – abgesehen von der Chinesischen Mauer.
Der Limes war jedoch keine stets zu verteidigende Grenzbefestigung; wie

Heute wirkt die (rekonstruierte) hölzerne Palisade (bei Walldürn) eher rührend – seinerzeit stellte sie ein ernstzunehmendes Hindernis dar.

Jagsthausen – falsch, wer da nur an den hier geborenen Götz von Berlichingen denkt. Es gibt auch eine Freilichtanlage auf dem Areal des II. Kastellbades.

wir uns die Römerzeit auch nicht als mehrhundertjährigen Kriegszustand vorstellen dürfen. Handel und Handwerk blühten, die Bevölkerung vermischte sich, und die Tore ermöglichten den Verkehr und Warenaustausch mit den Germanenstämmen der Umgebung. Zweck des Limes war vielmehr die Kontrolle der Grenze und die Abwehr von Überfällen kleinerer räuberischer Horden. Bei größeren Angriffen wurde Alarm durch Feuerzeichen und Hornsignale von Turm zu Turm ins Hinterland gegeben. Von den dortigen Kastellen rückte dann der Nachschub an.
Erst um die Mitte des 3. Jahrhunderts nützte der Limes nichts mehr: Gegen die immer häufigeren und heftigeren Angriffe von Franken und Alemannen war nicht anzukommen; das aufwendige Befestigungswerk zerfiel. Rhein und Donau bildeten erneut die Grenzen des Römischen Reiches in Germanien. Wälle und Gräben wurden verweht oder gewaltsam eingeebnet, die hölzernen Palisaden moderten bald

Als Straßenkreuz war Osterburken zu römischer Zeit besonders gut gesichert. Und für die Lagersiedlung gab es natürlich auch eine Badeanlage – die Reste sind »unter Dach und Fach« zu besichtigen.

vor sich hin, und die Ruinen der Steintürme, Mauerpartien und Kastelle dienten jahrhundertelang als willkommene Steinbrüche. Die Menschen des Mittelalters wußten nicht mehr viel vom Zweck und Ursprung der Anlagen. Namen wie »Teufelsmauer« entstanden, und der verfallene Wall wurde beliebter Tummelplatz schauriger Sagengestalten.

Ab Miltenberg schnurgerade nach Süden

Der obergermanische Limes führte von **Rheinbrohl** bis **Seligenstadt** am Main. Von da an bildete der Fluß die sogenannte »nasse Grenze«, wie Tacitus sich ausdrückte. Ab Miltenberg verlief der Limes dann auf einer Strecke von insgesamt 80 Kilometern als künstliche, fast schnurgerade Grenze bis zum Remstal bei **Lorch** in südlicher Richtung. Die Streckenführung zeugt vom hohen Stand der römischen Vermessungstechnik.

Der ältere und weiter westlich gelegene Odenwald–Neckar–Limes hatte den Main bereits bei Obernburg verlassen und war nach Süden zum Neckar gezogen. Bis **Köngen** bei Esslingen waren die Kastelle errichtet. Bauinschriften zufolge wurde die Odenwaldgrenze zwischen 148 und 161 n. Chr. aufgelassen und durch den obergermanischen Limes ersetzt.

Im Bereich des späteren **Miltenberg** entstanden in strategisch günstiger Lage zwei Kastelle: das sogenannte Altstadtkastell im Mündungsbereich der Mud und das Ostkastell dort, wo der Limes begann. Römische Spuren lassen sich heute vor Ort kaum mehr erkennen; um sie zu finden, muß man ins Museum der Stadt am Schnatterloch mit seiner großen Römer-Abteilung gehen. Hier steht auch der berühmte Toutonen-Stein, ein noch nicht gelöstes römisches Rätsel. Man hatte die unvollendete Säule bei einer

Im Archäologischen Park von Welzheim zu bestaunen sind auch die drei Torsi der Skulpturengruppe »In der Schneidershecke«.

römischen Tempelanlage gefunden, zerbrochen in zwei Teile. Die bruchstückhafte Inschrift, von der mit Sicherheit nur »Toutonos« (ein Eigenname?) zu lesen ist, beflügelt seit mehr als 100 Jahren die Phantasie der Forscher.
Eine Besonderheit am obergermanischen Limes sind die sogenannten Kleinkastelle. Im Gegensatz zu den »großen« Kastellen besaßen sie lediglich Unterkünfte für etwa 80 bis 100 Mann, zwei Lagertore und folglich auch nur eine Straßenachse. Zu diesem Typus zählt das **Kastell Haselburg** zwischen Gerolzahn und Reinhardsachsen, etwa 70 Meter westlich des Limes. Die Funde aus den Grabungen von 1975 sind im Museum im nahen **Walldürn** zu sehen.
Auf dem Weg weiter nach Osterburken könnte man einen Zwischenstopp beim **Kleinkastell Hönehaus** einlegen, wo nach einem kurzen Fußmarsch vom Parkplatz aus die Fundamente zu erkennen sind. Im heutigen **Osterburken** kreuzten sich einige Römerstraßen, gesichert durch ein Doppelkastell, und bald entstand eine Siedlung. Bäder und ein Weihebezirk (2./3. Jahrhundert) waren die Folge. Heute sind noch Fundamente des Kastells, Reste der Thermen sowie zahlreiche Funde im örtlichen Römermuseum zu sehen.

Nichts blieb von Öhringens zwei Kastellen

Einen »Skulpturenpark« hat **Öhringen**, das einstige Vicus Aurelianus, benannt nach Kaiser Marc Aurel. Dies ist übrigens der einzige Ort am obergermanischen Limes, dessen antiker Name überliefert ist. Einst erstreckte sich hier eine Lagersiedlung zwischen zwei Kastellen, doch sind ihre Spuren weitestgehend verschwunden. Ein Kastell ist vom Kreiskrankenhaus überbaut. Die Skulpturen in der benachbarten Grünanlage sind Kopien hier gefundener Römersteine.
Und auch darauf sei hingewiesen: Auf der Weiterfahrt nach **Mainhardt** (bei Untergleichen) steht am Waldrand (Parkplatz) ein hölzerner »Römerturm« für die kleinsten Römerfans auf einem Spielplatz.
Über **Grab**, **Murrhardt** und **Ebnisee** – auch dort Spuren der Römer – gelangt man nach **Welzheim**, wo verschiedene Römerbauten nachgewiesen werden konnten. An der Stelle des Ostkastells entstand ein archäologischer Park mit dem imposanten, wenngleich rekonstruierten Westtor. Die Funde wanderten ins Städtische Museum.
Lorch ist das südöstlichste Kastell Obergermaniens. Hier macht der Limes einen Knick nach Osten, um der Rems über Schwäbisch Gmünd Richtung Aalen zu folgen. Durch das Remstal nach Westen verlief einst die Römerstraße zum Neckar. Gleich an der Straße, oberhalb des berühmten Klosters, begrüßt der hölzerne Nachbau eines Wachturms den Römerfreund. 155 n. Chr., im Zuge der Verschiebung der Grenze vom Neckar weiter nach Osten, wurde die Besatzung von Köngen hierher verlegt. Heute ist das Kastell jedoch von der Altstadt überbaut, und nur ganz selten stößt man bei Bauarbeiten noch auf einen römischer Rest.

Direkt am Limesknick bei Lorch steht der rekonstruierte hölzerne Wachturm, an dem auch der Limes-Wanderweg vorbeiführt. Ob römische Wachtürme wirklich so gebaut waren und ob hier nicht Steinbauweise vorherrschte – offene Fragen.

Die Ruine Weibertreu schaut nicht nur den Weinsbergern ins Fenster, sondern auch der überdachten Badruine eines römisches Gutshofes. Weinsberg liegt unweit von Heilbronn.

Luxuriöse Gutshöfe im weinreichen Neckarland

Nach 25 Legionärsjahren wurden die Soldaten aus dem aktiven Dienst entlassen, erhielten ein Stück Land, Geld und die Heiratserlaubnis. Meist blieben sie im Lande, heirateten eine Germanin und bauten sich einen Gutshof. Über tausend solcher villae rusticae sind allein im Neckarland bekannt, viele jedoch noch gar nicht ergraben. Mit den Alemannen-Einfällen endete das blühende Landhaus-Leben.

In Hausen an der Zaber – dicht bei Laufen am Neckar gelegen – erinnert die Nachbildung einer sieben Meter hohen Jupitergigantensäule an römische Zeiten.

Eigentlich dienten die villae rusticae, die ländlichen Güter, zunächst der Versorgung der Truppen mit frischer Nahrung. Doch bald wurden einige der Besitzer reich und ihre Villen komfortable Gutshöfe, ja prächtigste Landgüter. Dies machen die Reste der Anlage von **Weinsberg** deutlich. Mit der luxuriösen Villa verbunden war ein komplettes kleines Bad mit allem, was dazu gehörte: Ankleideraum, Kaltbad mit halbrundem Wasserbecken und einer hübschen Statue der Bade- und Glücksgöttin Fortuna balnearis, ein Warmluftraum, zwei Warmbäder, ein Heizraum und direkt daneben der von dessen Wärme profitierende Schwitzraum. Sogar eine Toilette war vorhanden, deren »Wasserspülung« durch das Abwasser aus dem Bad gespeist wurde. Bis heute ist der aus Sandstein gehauene Abwasserkanal zum nahen Stadtseebach völlig intakt. Auch Teile der Fußbodenheizung, des Hypocaustum, sowie Hohlziegel für die Wandheizung blieben erhalten. Selbst die Verbindungsmauern zwischen Bad und Wohnhaus sind noch deutlich nachweisbar.

Nach der Einrichtung der Provinz Obergermanien um 85 n. Chr. sicherte der Odenwald–Neckar–Limes mit seinen Kastellen und Türmen die Grenze. Zwischen 148 und 161 wurde diese weiter nach Osten verschoben. Viele villae-rusticae-Neubauten breiteten sich über das Land hinter dem Limes aus.

Mitten in den Weinbergen, in der Nähe von **Lauffen am Neckar**, wurde ein rund ein Hektar großer Gutshof entdeckt, von dem die Grundmauern noch immer erkennbar sind. Reste einer Weinkelter lassen vermuten, daß der einstige Besitzer ein edles Neckartröpfchen zu schätzen (und zu verkaufen?) wußte. Die Hofgröße mit vier Wohn- und Wirtschaftsräumen sowie die günstige Lage am Neckar, von wo der Wein verschifft werden konnte, sprechen dafür.

Jupitergigantensäule war einst bemalt

Beim nahen Weinort **Hausen an der Zaber** wurden 1964 die Bruchstücke einer über sieben Meter hohen Jupitergigantensäule gefunden. Vermutlich war sie um 200 n. Chr. von einem Römer zu Ehren Jupiters, des Herrn über Donner und Blitz, als Dank für eine gute Ernte und mit der Bitte um weitere gute Ernten errichtet worden. Doch schon nach wenigen

Über die Fundamente des einstigen römischen Gutshofes bei Lauffen am Neckar geht der Blick weit ins Neckarland.

Auf dem Sockel der Jupitergigantensäule von Hausen an der Zaber sind eine Frau und ein Mann mit Hammer und Zange dargestellt.

Jahrzehnten wurde sie beim Einfall der Alemannen zerstört. Farbreste zeugen von einer früheren Bemalung. Die heutige Nachbildung, deren »Zwilling« im Lapidarium des Württembergischen Landesmuseums in Stuttgart zu finden ist, blieb unbemalt.
Ein römischer Weinkeller in **Oberriexingen** ist zum Zweigmuseum des Württembergischen Landesmuseums geworden. Der Anblick der Amphoren macht richtig durstig. Doch Römer-Wein trifft nicht den heutigen Geschmack, denn unsere Art und Weise des Weinausbaus war noch unbekannt. Der dichte, stark alkoholhaltige Rebensaft scheint nur verdünnt trinkbar gewesen zu sein.
Bei **Köngen** führte die Fernstraße, die die beiden Römerzentren Mainz und Augsburg verband, über den Neckar. Ein Kastell sicherte den Über-

gang; in seinem Schatten entwickelte sich das Dorf Grinario. Noch heute sind die alten Kastellmauern durch Erdwälle erkennbar; Pappeln markieren die einstigen Tore.
Im ehemaligen Kastellgeviert, das 600 Mann Platz bot, entstand der sogenannte Römerpark. Nachbildungen von bedeutenden Römersteinen der

Köngen, einst zur Sicherung des Neckarübergangs mit einem Kastell versehen, zeigt heute in seinem Römerpark die vorwärtsdrängende Skulptur »Fahrender Jupiter«.

Umgebung, Grundrisse und das Römermuseum verdeutlichen die Bedeutung in römischer Zeit. Hier wurde auch ein schöner Epona-Stein gefunden, ein Weihestein für die beliebte Göttin der Pferde und der Reise, der jedoch nur als Replik zu sehen ist (Original Landesmuseum Stuttgart).
Das Kastell von Köngen wurde bereits Ende des 19. Jahrhunderts durch die Reichslimeskommission ergraben und 1911 der südliche Eckturm wiedererrichtet – bis heute ein beliebtes Ziel für Schulausflüge.
1986 nahm man erneut Ausgrabungen vor. Sie dienten als Grundstock für das 1988 eingeweihte kleine Museum.

Unsere Obstgärten verdanken wir den Römern

Didaktischen Wert hat auch der »pomarius«, der Obstgarten, für unsere germanischen Vorfahren ein Novum.
Bei Bauarbeiten hat man nämlich im einstigen Grinario eine Abfallgrube entdeckt mit Unmengen von Speiseresten und Obstkernen. Untersuchungen an der Universität Hohenheim ergaben: Die Römer kultivierten Obstbäume, wie wir es heute noch tun. So sehen die im Römerpark gepflanzten Kirsch-, Birn- und Äpfelbäume auch aus wie Kirsch-, Birn- und Äpfelbäume in unseren Gärten.
Bereits 155 n. Chr. wurden im Zuge der Grenzverschiebung die Truppen von Grinario nach Lorch verlegt. 260 fand auch die dazugehörige Siedlung durch einen Alemannen-Überfall ein abruptes Ende. Kurz vor dem Angriff hatte noch ein Bürger sein Geld vergraben. Offenbar hat er den Angriff nicht überlebt; auf jeden Fall wurden in unseren Tagen genau 555 Silbermünzen aus der Zeit von 216 bis 246 n. Chr. entdeckt, wovon Teile ebenfalls im Köngener Römermuseum zu sehen sind.
In Köngen zweigte eine Route der römischen Fernstraße Richtung Rottweil ab. Sie führte durch **Rottenburg**. Auf keltischem Grund gründete dort Kaiser Domitian im ausgehenden 1. nachchristlichen Jahrhundert eine wichtige Römersiedlung. Innerhalb der fast zwei Kilometer langen Stadtmauer herrschte reges urbanes Leben, erleichtert durch eine Wasserleitung aus dem Rommelstal, an die die öffentlichen Gebäude angeschlossen waren. Drei Badeanlagen boten viel Komfort.
Erst vor wenigen Jahren entdeckte man zudem beim Bau eines Parkhauses eine kleine Sensation: Die einzige größere öffentliche Latrine, die nördlich der Alpen bekannt ist. Wo einst die Römer gemeinschaftlich ihre »Geschäfte« verrichteten, entstand 1992 das Sumelocenna-Museum – so der römische Name der Stadt.

Rottweil, eine blühende Stadt mit allem Komfort

Arae Flaviae, Altäre zu Ehren der flavischen Kaiserfamilie, lautete der römische Name von **Rottweil**, der einzigen rechtsrheinischen Siedlung der Provinz Obergermaniens, die den Rang einer Stadt besaß. Hier traf die Straße von Köngen auf die Fernstraße von Straßburg zur Donau. 73 n. Chr. wurde der Verkehrsknotenpunkt und Neckarübergang durch einen Militärstützpunkt gesichert.
Mindestens fünf Kastelle lassen sich nachweisen, daneben eine blühende

Rechts: Seit gut dreißig Jahren sind Rottweils römische Thermen bekannt; die jederzeit zugängliche Anlage befindet sich an der B 27.

Zivilsiedlung mit großflächigen Wohngebieten, Tempeln, Bädern, Werkstätten und Friedhöfen. Wertvolle Funde, die heute zum größten Teil im 1992 eröffneten Dominikanermuseum zu sehen sind, belegen den Reichtum der Bürger. Besonders erwähnenswert sind die Bruchstücke von farbigen Mosaikfußböden, die einst vornehme Villen schmückten. Das nahezu intakte Orpheusmosaik, eines der schönsten Kunstwerke der Römerzeit, besteht aus über 500 000 Steinchen und hatte eine Größe von acht mal acht Metern. Aufwendig mit Mosaiken ausgestattet war auch die Therme auf dem sogenannten Nikolausfeld, die man 1967 entdeckte. Vermutlich kamen einst auch die Römer der Umgebung ins elegante Arae Flaviae zum Einkaufen und um das gesellschaftliche Leben zu genießen. Heute kann man an römische Badefreuden im modernen Aquasol-Bad anknüpfen.

Im Dominikanermuseum von Rottweil kann man es bewundern, das herrliche Mosaik des Sängers und Dichters Orpheus, entstanden in der zweiten Hälfte des 2. Jahrhunderts.

Beim Limesfest in Kipfenberg, das Mitte August gefeiert wird und die Stadtgeschichte darstellt, spielen beim Festzug die Römer eine nicht unbedeutende Rolle.

Von Thermen und Kastellen im alten Rätien

Im Schatten der rätischen Limesmauer entstanden für die Bewohner der Kastelle und Villen luxuriöse Bäder – Thermen als gesellschaftlicher Treffpunkt. Eines der besterhaltenen Militärbäder wurde in Weißenburg entdeckt, während man sich in Bad Gögging eher kurmäßig seiner Gesundheit widmete. Heute beeindruckt überdies die Lage der römischen Stützpunkte im schönen Naturpark Altmühltal.

Wo der Limes fast zu Ende ist, nördlich von Hienheim an der Donau, steht noch einmal ein rekonstruierter hölzerner Wachturm.

Auf der alten Straße von Lorch nach Schwäbisch Gmünd, im Rotenbachtal nahe dem Kleinkastell **Kleindeinbach**, begann die rätische Mauer. Das Kastell ist nur noch mit Mühe als Erdwall auszumachen. Der Mauerbeginn wurde jedoch in einem kleinen Teilstück rekonstruiert und mit der Nachbildung eines hier gefundenen Altaraufsatzes versehen. Dieser Altar war, so läßt sich leicht vermuten, Grenzgottheiten geweiht.

Auf einer Länge von 166 Kilometern verläuft der rätische Limes bis an die Donau. Das westlichste Kastell lag bei **Schwäbisch Gmünd**, doch sind bislang nur wenige Teile ergraben. Vom Kastellbad wurden Mauerreste rekonstruiert; das Relief einer Quellnymphe ist zusammen mit vielen anderen Funden ins Museum für Natur und Stadtkultur gewandert.

Herrliche Funde im Limesmuseum von Aalen

In der ehemals Freien Reichsstadt **Aalen** mit ihrem historischen Stadtkern erhebt sich über der Lagerhauptstraße des römischen Kastells das Limesmuseum. Um die Mitte des 2. Jahrhunderts wurde in Aalen das größte römische Reiterkastell nördlich der Alpen errichtet zur Beherbergung der Ala II Flavia miliaria, eines Reiterregiments von 1000 Mann. Noch heute sind neben dem Museum die Fundamente des Nordtors sowie die Grundmauern des Stabsgebäudes mit dem Fahnenheiligtum zu sehen.

In St. Johannis, der ältesten Kirche der Stadt, wurden römische Inschriftensteine und Quader ehemaliger Lagerbauten vermauert. An der Nordwestecke der Kirche kann man sie noch heute in vier Reihen erkennen. Kunststeinnachbildungen der 16 schönsten in Württemberg gefundenen römischen Monumente sind bei der Stadthalle, im römischen Parkmuseum, unter freiem Himmel zu bewundern. Dazu zählt der Rest einer Weihesäule der Statio Cannstatt, auf dem Jupiter

Im Römischen Parkmuseum neben Aalens Stadthalle findet sich dieses anrührende Skulpturendetail »Trauernder Jüngling«.

mit seinem Wagen einen Giganten überrollt.
Das Limesmuseum vereint die herrlichsten Funde des westlichen rätischen Limes, darunter eine Brunnennymphe aus dem Kastellbad von Schwäbisch Gmünd. Nymphen schenkten nach römischer Vorstellung den Menschen das Quellwasser. Unter ihrem Schutz standen die Thermalbäder. Vor allem die Soldaten verehrten die Nymphen im ganzen großen Imperium und riefen sie bei Heilquellen an. Stets wurden die Nymphen jung und schön dargestellt. Ihnen wurden Blumen und Früchte, Honig und Milch geopfert sowie Münzen als Opfergaben in ihre Quellen und Brunnen

Eine Statue des Kaisers Traian hat man im Limesmuseum so plaziert, daß der Imperator auf »seine« Provinz Rätien zu schauen scheint.

Auch in Aalen können Besucher – besonders gern tun es die jungen – sich in römischen Spielen versuchen, die vor dem Limesmuseum bereitgestellt werden.

Harte Arbeit rund um den Spießbraten für die »Legionäre« beim Aalener Römerfest – Besucher sind willkommen.

geworfen. Die Verehrung von Quellen war ein wichtiger Bestandteil römischer Religion. An gute alte Tradition anknüpfend, hat man die moderne Limestherme in Aalen mit Hallen- und Freibecken im Stil antiker Bäder errichtet.

Bedeutender Brunnenfund in Rainau-Buch

Im Innenhof des Aalener Limesmuseums wird auch der Brunnenfund aus dem benachbarten **Rainau-Buch** gezeigt, der bis jetzt größte und wertvollste Brunnenfund des 3. Jahrhunderts in Baden-Württemberg. Direkt am Stausee, in Rainaus Ortsteil Buch, hat man das einstige Kastell gänzlich ausgegraben und die konservierten Fundamente in ein Freilichtmuseum verwandelt. Hier beginnt auch ein elf Kilometer langer Rundwanderweg. Er führt zum Teil entlang des Limes mit seinen rekonstruierten Teilstücken, dem hölzernen Wachturm im Ortsteil Schwabsberg und den Resten des mit seiner triumphbogenartigen Fassade einzigartigen Limestors im Ortsteil Dalkingen. Es war vermutlich ein Triumphbogen für Kaiser Caracalla, der 213 n. Chr. an den Limes eilte, um vor den Alemannen zu retten, was noch zu retten war.
Immer am Limes entlang, vorbei an Mauerresten, Turmstümpfen und Erdwällen, vorbei an den Kastellen von Gunzenhausen, Theilenhofen und Ellingen, gelangt man in den Naturpark Altmühltal. Wichtigster Römerort auf diesem Limesabschnitt ist zweifelsfrei **Weißenburg in Bayern**, das römische Biriciana. Es ist noch gar nicht lange her, daß durch Zufall die Thermen und kurz darauf ein sensationeller Schatz entdeckt wurden. Es stellte sich heraus, daß es sich nicht nur um ein kleines Militärbad handelt, sondern um erstaunlich aufwendige und gut erhaltene Thermen, die nördlich der Alpen ihresgleichen suchen. 1985 wurden sie der Öffentlichkeit zugänglich gemacht.
Das Wort »Thermen« meint im heutigen Sprachgebrauch sowohl warme Quellen (von griechisch »thermos«, warm), als auch den Gebäudekomplex einer Badeanlage. Bei kleinen Privatbädern sprach man von »balnea«. Um die Mitte des 4. Jahrhunderts zählte man allein in Rom elf »thermae« und 856 »balneae«.
Die öffentlichen Thermen waren in der antiken Welt jedoch nicht nur Bä-

der in unserem Sinne. Man muß sie sich als eine Art universellen Versammlungsort vorstellen, an dem das Angenehme mit dem Nützlichen verbunden werden konnte. Sicher kamen Erholung, Spiel und Sport, leibliche Genüsse wie Essen und Trinken nicht zu kurz. Ohne Zweifel waren die Thermen ebenso ein geeigneter Ort zum Austausch von Nachrichten und Meinungen, zum Pläneschmieden und Geschäfte anbahnen – eine Rolle, die heute das Golfspielen weitestgehend übernommen hat.

Guter Überblick über Weißenburgs Thermen

Von einem Führungssteg kann man die gesamten Weißenburger Thermen überblicken: den Gymnastikhof mit Säulenumgang, die Sporthalle und die Baderäume. Die beheizbaren Räume sind durch die Reste des Hypocaustums zu erkennen – heute nur noch kleine, regelmäßig angeordnete Ziegelsäulchen am Boden. Bei dieser fortschrittlichen Heizungsanlage wurde die Warmluft unter den auf Ziegel- oder Steinsäulen ruhenden Fußboden und durch Hohlziegel in die Zimmerwände geleitet. In den Schwitzbädern konnten damit Temperaturen bis 50° Celsius erreicht werden. Die Feuerstellen, kleine Heizräume, hat man in der Regel an die Außenfront des Thermengebäudes angebaut.
Die Wasserbecken für kaltes und warmes Wasser, in denen der gepflegte Römer etwa knietief watete und sich durch Güsse aus Wandbrunnen erfrischte, wurden in Weißenburg teilweise mit Solnhofner Steinplatten belegt, einem mamorähnlichen, einheimischen Material, das sich seit der Römerzeit großer Beliebtheit erfreut. Über solide gemauerte Kanäle floß das Badewasser Richtung Schwäbische Rezart ab.
Bei den Ausgrabungen fand man liegengebliebene Badeutensilien wie kosmetische Geräte, Scherben von Salbgefäßen aus Ton und Glas, aber auch Schmuck und Haarnadeln, Spielsteine und Münzen. Sie sind heute im örtlichen Römermuseum zu besichtigen.

Unvergeßlich: die bronzenen Götterstatuetten

Weitaus beeindruckender sind im Römermuseum allerdings Teile des Weißenburger Schatzfundes, der im Jahr 1980 vom Freistaat Bayern angekauft und für den das Museum eingerichtet wurde. Er besteht aus rund 120 Teilen, die ein einzigartiges Dokument der römischen Kultur auf bayerischen Boden darstellen, darunter kunstvoll gefertigte Götterstatuetten aus Bronze, einmalig in Qualität, Zusammensetzung und Menge. Die 17 Figürchen stammen aus der zweiten Hälfte des 2. Jahrhunderts, gefertigt in unterschiedlichen Werkstätten des römischen

Rainau-Dalkingen: Ein breiter Durchlaß, das Limestor, markiert die Stelle, die vermutlich ein Triumphbogen für Kaiser Caracalla war.

Die größte Thermenanlage Süddeutschlands in Weißenburg/Bayern vermittelt anschaulich römisches Badewesen; hier ein Blick auf das teilweise rekonstruierte »Kleine Kaltbad«.

Imperiums. Doch auch eher volkstümliche Votivgaben aus Silberblech mit Darstellungen der populärsten Götter fanden sich. Man vermutet deshalb, daß der Schatz einst zum Inventar eines Heiligtums gehörte.
Im ersten Stockwerk gruppierte man Funde früherer Grabungen im Bereich des Kastells, darunter Teile herrlicher Paraderüstungen, in denen die römischen Offiziere einst durch das 1990 rekonstruierte Nordtor von Biriciana geritten sein mögen.

Nach 25 Jahren wurde aus dem Legionär ein Bürger

In einer Vitrine werden sogenannte Militärdiplome gezeigt. Hatte ein Soldat nämlich 25 Jahre lang Rom treu und brav gedient, wurde er als Veteran ehrenvoll entlassen. Zum Dank erhielt er das römische Bürgerrecht und die Genehmigung zur Heirat, beides auf den kleinen Bronzetäfelchen verbrieft. Zudem bekamen die Soldaten als Abfindung ein Stück Land in der Nähe ihres letzten Stationierungsortes, wo sie sich ihre eigene villa rustica erbauen konnten.
Der Name **Pfünz** kommt vom lateischen Wort für Brücke, von »pons«. Noch heute führt die wuchtige »Römerbrücke« bei Pfünz über die Alt-

Der Weißenburger Römerschatz läßt keinen unbeeindruckt, der ihn sich im Römermuseum anschaut; hier die sogenannte Bronzevenus.

Links: Natürlich eine Rekonstruktion ist Weißenburgs mächtiges Nordtor mit einem Stück Kastellmauer.

Über die Altmühl spannt sich diese alte Brücke bei Pfünz, die den Namen Römerbrücke trägt.

mühl, bewacht von zwei Bronze-Legionären. Das Kastell Vetoniana auf der Kuppe über dem Fluß diente zur Sicherung des Übergangs. Zunächst als hölzernes Kastell errichtet, wurde Vetoniana unter Kaiser Antoninus Pius um die Mitte des 2. Jahrhunderts in Stein befestigt. Doch auch diese Sicherungsmaßnahme nützte bei den Alemannen-Einfällen nichts mehr. Der Angriff im Jahr 233 muß so überraschend und schnell gekommen sein, daß der Besatzung keine Zeit zur Gegenwehr blieb.

Die Ausgräber konnten dies bestätigen. Da gab es etwa den makaberen Fund in einer Arrestzelle, wo sie den noch angeketteten Unterschenkelknochen eines vergessenen Gefangenen entdeckten. Vielleicht haben auch unsere Vorfahren im Mittelalter schon ähnlich schaurige Funde gemacht, die ihre Scheu vor der »Teufelsmauer« nur noch verstärkten.

Auf dem Grabungsgelände werden die sichtbaren Mauerreste durch einen archäologischen Lehrpfad erschlossen.

Pfünz: alle zwei Jahre ein rauschendes Römerfest

Ein Eckturm und das Nordtor des Kastells mit einer Breite von 20 Metern und einer Höhe von neun Metern wurden rekonstruiert. In der Wachstube warten zwei »Legionäre«, bekleidet mit Kettenhemd und Schuppenpanzer,

bis wieder römisches Leben einkehrt. Alle zwei Jahre im Juli marschieren die Legionäre erneut in Vetoniana ein, um ein rauschendes Fest zu feiern. Alternierend, ebenfalls in jedem zweiten Jahr, lädt die villa rustica im nahen **Möckenlohe** zu einem ländlichen Volksfest. Der Gutshof ist in den wesentlichen Teilen wiederaufgebaut worden und kann als Musterbeispiel für die Vielzahl ländlicher Villen hinter dem Limes gelten.

Am Limeslehrpfad in **Erkertshofen** hat man 1992 einen steinernen Limesturm rekonstruiert – den einzigen in Bayern. Der dreigeschossige Bau aus handbehauenen Kalkbruchsteinen ist aufgrund von Forschungsergebnissen aus diversen Grabungen und dem Blick auf die Darstellung eines Limesturms auf der Traianssäule in Rom errichtet worden. Aus Sicherheitsgründen liegt der Zugang im ersten Obergeschoß – im Notfall konnten die Römer die Leiter schnell einziehen und damit dem Angreifer den Zugriff erschweren. Der nur von innen zugängliche Raum im Erdgeschoß diente der Vorratshaltung für die Nahrung der vier bis fünf Mann starken Turmbesatzung. Sie wurde jeweils für einen längeren Zeitraum vom nächstgelegenen Kastell zum Wachdienst abkommandiert.

Das erste Obergeschoß war wohl Aufenthalts- und Schlafraum, das zweite Obergeschoß mit der umlaufenden, begehbaren Galerie für einen besseren Ausblick eignete sich als »Dienstraum« für den wachhabenden Soldaten. Heute können die Besucher den Blick von der Holzgalerie über das malerische Altmühltal in aller Ruhe genießen.

Von dem Pfünzer Kastell sind die Grundmauern erhalten. Diese sowie das nachgebaute Nordtor und der Eckturm – verbunden durch die Wehrmauer – sind immer zu begehen.

Als gutes Beispiel eines steinernen Limes-Wachturms gilt dieser rekonstruierte Bau bei Erkertshofen.

Neben dem Gasthaus »Zum Limes« steht in **Kipfenberg** eine der Gedenksäulen, die der bayerische König Maximilian II. anno 1861 errichten ließ, um auf die »Landmarke zwischen dem einstigen Reiche der Römer und Germanen« aufmerksam zu machen. Hier überquerte der Limes die Altmühl, etwa an der Stelle der heutigen Brücke, und lief mitten durch den Markt. Die Namen Pfahldorf und Pfahlbuck, wo heute neben Mauerresten Palisaden und ein hölzerner Wachturm wiedererrichtet wurden, erinnern an den Limes. Die Kipfenberger haben ihn auch nicht vergessen: Alljährlich um Mariae Himmelfahrt (15. August) feiern sie ein spektakuläres »Limesfest«.

Kipfenbergs Kirche auf ehemaligem Lagerheiligtum

Das Kastell befand sich im heute eingemeindeten Böhming, nur 800 Meter vom Limes entfernt. Es wurde bereits um 1900 von der Reichslimeskommission ergraben. Wichtigster Fund war eine Bauinschrift von 181 (heute Ur- und Frühgeschichtliches Museum Eichstätt). Nach dieser wurde das Kastell von Regensburg aus gegründet, wohl nachdem die ältere hölzerne Befestigungsanlage bei den Markomanneneinfällen (166–180) ein Raub der Flammen geworden war. Gefundene Brandschichten machen dies glaubhaft. Den Lagermittelpunkt markiert heute eine Kirche. Lange hat man sich den Kopf darüber zerbrochen, warum die Kirche der Gemeinde so weit außerhalb des Ortes liegt. Heute weiß man, daß sie an der Stelle des einstigen Lagerheiligtums steht.

Wieder war es König Maximilian II., der auf das Ende der rätischen Mauer an der Straße von Hienheim nach Kelheim aufmerksam machte. Noch heute steht östlich der Straße die Hadriansäule, bewacht von einem rekonstruierten hölzernen Aussichtsturm. Als baumbestandener Feldrain erkennbar, zieht der Limes von hier aus Richtung Donau und verliert sich nach etwa 400 Metern in den Donauauen.

Bad Gögging am jenseitigen Donauufer ist das älteste Staatsbad auf bayerischem Boden: Bereits Kaiser Marcus Ulpius Traianus, jener Kaiser, der Xanten am Niederrhein zur Stadt erhob, ließ hier um 110 – zum Teil auf eigene Kosten – Thermen für die Schwefelquellen errichten. Neben Aachen, Baden-Baden, Badenweiler und Wiesbaden zählte Bad Gögging zu den bedeutendsten römischen Badeanlagen in Germanien. Auch wenn der Kurbetrieb zu Zeiten der Marko-

manneneinfälle vermutlich nicht ganz reibungslos verlief, dürfte das Bad bis zum endgültigen Abzug der römischen Truppen aus dem Donautal (um 400) bestanden haben.
Die im 6. und 7. Jahrhundert zugewanderten Bajuwaren fanden jedenfalls noch ein ziemlich intaktes Badegebäude vor. Doch sie konnten damit nichts anfangen; sie nutzten es schließlich für christliche Kultzwecke und errichteten später über den Mauern des alten Bades die Kirche St. Andreas.
1960 wurde die schon seit langem gehegte Vermutung bestätigt: Unter der romanischen Chorturmanlage hat man ein Badebecken von acht mal elf Metern entdeckt. Über 20 verschiedene Räume der Badeanlage hat man seitdem ergraben. Und im Oktober 1997 wurde die profanierte Kirche – der romanische Bau an sich ist schon sehenswert – als archäologisches Museum geöffnet.
Den Badebetrieb nahm man in Gögging bereits im 15. Jahrhundert wieder auf, wenngleich in einem weitaus bescheideneren Maße. Der eigentliche Aufschwung erfolgte 1880 mit der Errichtung des Kurhauses »Römerbad« und dem 1913 erbauten »Trajansbad«. Die 1979 eröffnete, moderne »Limes-Therme« hat dann endgültig an römische Badefreuden angeknüpft.

In Bad Gögging Badekuren der Antike

Mittelpunkt der antiken Heilorte waren stets die großzügig gestalteten Badegebäude und Sportanlagen. Weitere Bauten dienten der Unterbringung der Kurgäste, der Verwaltung und dem Dienstleistungsgewerbe. Und natürlich durften die unvermeidlichen Tempel nicht fehlen.
Der Badevorgang selbst bestand aus verschiendenen Phasen des Erhitzens und Abkühlens – deswegen auch die verschiedenen Warm- und Kaltbecken. Zur Kur gehörten Massagen und körperliche Ertüchtigung und je nach Art des Heilwassers auch Entschlackungsprogramme. Zutritt zu den Bädern hatten alle Bevölkerungsschichten; gebadet wurde nackt und zumeist nach Geschlechtern getrennt. Und wie heute galt eine Kur zwar in erster Linie der Genesung, doch spielte das gesellschaftliche Leben auch eine große Rolle.
Die Badegäste kamen nicht nur aus der Ferne, sondern auch aus den Kastellen der näheren Umgebung, vor allem aber aus der nahen Großstadt Castra Regina, aus Regensburg.

Wer einen dreidimensionalen Eindruck vom einem römischen Gutshof haben möchte, sollte sich die villa rustica in Möckenlohe anschauen, die gänzlich rekonstruiert wurde.

Religiöse Kulte aller Art wurden von den Römern großzügig geduldet – so ist erklärlich, daß in der Castra Regina eine schöne Skulptur des ägyptischen Stiergotts Apis gefunden wurde.

Als Castra Regina beginnt Regensburgs Aufstieg

Mancherorts im Stadtbild Regensburgs sind Teile der alten römischen Festungsmauer erkennbar – etwa hier ein Stück Ostmauer in der Adolf-Kolping-Straße.

Daß Regensburg eine sehenswerte Stadt ist – wer wüßte das nicht? Aber es geht hier nicht um das beeindruckende mittelalterliche Stadtbild, sondern um die ebenso markante römische Vergangenheit. Immerhin baut die Stadt auf den Fundamenten der damaligen Festung Castra Regina auf, die 179 n. Chr. unter Kaiser Marc Aurel errichtet wurde: Hier hatte die Elite-Einheit der 3. Italischen Legion ihr Hauptquartier.

Jeder Reiseführer verzeichnet sie mit drei Sternen: die Porta Praetoria. Sie ist neben der Porta Nigra in Trier das einzige erhaltene Römertor nördlich der Alpen, nicht ganz vollständig, jedoch noch immer beeindruckend. Elf Meter ragen heute die Quader auf. Man muß sich jedoch noch ein weiteres römisches Stockwerk über den Arkadenbögen vorstellen. Das ursprüngliche Straßenniveau lag zudem etwa einen Meter tiefer. Das einstige nördliche Stadttor, das die »via praetoria«, die Hauptstraße zum Praetorium abschloß, hatte noch bis ins 17. Jahrhundert als Zugang zur Innenstadt gedient. Danach wurde das zwischen Donau und Dom gelegene Tor in das Areal des bischöflichen Brauhauses integriert und erst nach dessen Abbruch 1885 restauriert.

Überhaupt muß die 179 vollendete Befestigung gigantisch gewesen sein. Man kennt heute den genauen Mauerverlauf mit seinen vier Ecktürmen und den 18 Zwischentürmen, aufgerichtet aus großen, mörtellos zusammengesetzten Steinquadern. Die Anlage hatte eine Ausdehnung von 450 auf 540 Metern und ist damit das größte Römerlager Süddeutschlands. Noch im 8. Jahrhundert sprach der Freisinger Bischof Arbeo von einer »uneinnehmbaren« Stadt mit »Quadermauern und himmelhoch ragenden Türmen«.

Wein, Weib, Gesang für die Soldaten

Fragmente der römischen Stadtbefestigung lassen sich bis heute an verschiedenen Stellen beim Stadtbummel entdecken. Das ehemalige Osttor des Lagers ist jedoch verschwunden. Einst war dort die monumentale, sieben Meter lange Bauinschrift angebracht. Sie ist ganz in der Nähe, im Museum der Stadt, zu sehen. Überhaupt ist das Museum mit seiner umfangreichen Römersammlung ein guter Ausgangspunkt, um Castra Regina kennenzulernen.

Hier findet man zum Beispiel ein ehemaliges Wirtshausschild: Auf einem Tisch stehen Weinflaschen, wie sie in Regensburger Gräbern gefunden wurden. Während ein Besucher nach dem Rebensaft greift, folgt ein anderer der einladenden Geste einer jungen Frau. Römische Kneipen boten den Soldaten weniger Speisen, dafür mehr »Wein, Weib« und wohl auch »Gesang«.

Ganz anderer Natur ist der Stein der Sarmannina, ein schlichter Grabstein (Ende des 3. Jahrhunderts), dessen Inschrift und Christogramm die Existenz einer christlichen Gemeinde zu dieser

Weit geht der Blick von den Winzerer Höhen auf Donau und Stadt; direkt gegenüber lag das erste römische Kohortenlager Kumpfmühl.

Die zarte Spitzengotik eines Domturms kontrastiert mit der Mächtigkeit des sogenannten Römerturms.

Zeit belegen: »Für Sarmannina, die in Frieden ruht, vereint mit den Märtyrern«.
Bei der Anlage der neuen Befestigung anno 179 konnte Regensburg bereits auf eine römische Vergangenheit zurückblicken: Als die ersten Römer nach Rätien eindrangen, fanden sie an der Donau mehrere keltische Siedlungen vor. Hier am Donauknie lag Radasbona. Unmittelbar in der Nachbarschaft der Keltensiedlung, im heutigen Stadtteil Kumpfmühl, errichteten sie gegen Ende des 1. Jahrhunderts n. Chr. ein Kohortenlager. Zu jedem römischen Lager gehörte auch ein Lagerdorf, der »vicus«, in dem sich ein öffentliches Bad und die Schenken befanden, in dem sich Händler und Handwerker niederließen. Hier lebten auch die mehr oder minder illegitimen Frauen und Kinder der Soldaten, die ja erst nach einer Dienstzeit von 25 Jahren offiziell heiraten durften. Ein zweites Händlerdorf, gleich neben der Schiffslände, wurde erst 1976/77 bei Grabungen unter dem Bismarckplatz und in der Nähe des Arnulfplatzes entdeckt.

Nach Markomannenkriegen ein befestigtes Lager

Als die Markomannenkriege ausbrachen, war das friedliche Leben in der abgelegenen Garnison und den kleinen Donausiedlungen schlagartig zu Ende. Um 170 n. Chr. gingen sie in Flammen auf. Kurz darauf kam es zum Neubau des viel gewaltigeren Kastells im Herzen der heutigen Altstadt – eben jenes Castra Regina, benannt nach der gegenüberliegenden Mündung des Flusses Regen. Nicht an der

Noch einmal ein Stück Römermauer; hier ist es die Nordostecke des ehemaligen römischen Kastells.

Heute ist die Porta Praetoria (hier ein Ausschnitt) Bestandteil des Bischofshofs und nur noch Rest einer mächtigen Toranlage, die einst von rund 20 Meter hohen Türmen flankiert wurde.

Stelle des alten Lagers in Kumpfmühl, sondern in der Donauniederung wurde es errichtet, wahrscheinlich weil dort das Gelände für den neuen Flächenbedarf vorhanden war. Immerhin mußten über 6000 Mann untergebracht werden, die ganze 3. Italische Legion.

Legions-Kommandeur aus höchstem römischen Adel

Seit der Regierungszeit des Kaisers Augustus verteidigte ein stehendes Berufsheer die Grenzen des römischen Imperiums. Dieses war in Legionen unterteilt, die sich wiederum in zehn Kohorten gliederten, von denen die erste etwa 800 Mann, die zweite bis zehnte je etwa 450 bis 500 Mann umfaßte. Eine Kohorte bestand aus sechs Centurien, die jeweils eine Kampftruppe von 80 Fußsoldaten umfaßte. Den Rest bildeten Offiziere, Verwaltungsangestellte, Ärzte, Architekten und Handwerker. Der Kommandeur einer Legion zählte zur obersten römischen Adelsschicht; der Kommandant der 1. Kohorte war der ranghöchste »centurio« jeder Legion.

Den zweiten Bestandteil des römischen Heeres bildeten die Hilfstruppen (»auxilia«), die sich aus den Provinzen rekrutierten. Sie setzten sich aus unterschiedlichen Kohorten zusammen mit einer Stärke von etwa 500 bis 1000 Mann.

So gut man den Verlauf der römischen Befestigung Regensburgs kennt, so wenig weiß man über die Innenbebauung, die unter der mittelalterlichen Stadt verschwunden ist. Der Grund: Es gibt heute kaum ein Haus, das in seinem Fundament nicht antike Steine verbaut hat. Selbst der blockartige »Römerturm« am Alten Kornmarkt trägt seinen Namen nicht ganz zu Recht: Er wurde im Mittelalter errichtet, allerdings auf echt römischen Fundamenten. Nur selten gelangen Grabungen in der dichtbebauten Altstadt bis auf Römermauern, wie bei den Ausgrabungen in Niedermünster. Hier entdeckte man Mauerreste von Mannschaftsbaracken, allerdings vermischt mit frühmittelalterlichen Umbaumaßnahmen.

Nach dem Frieden mit den Germanen 180 n. Chr. blühte das Leben in Castra Regina. Auf den Trümmern der alten Donausiedlung entstand eine neue Lagervorstadt, an der Schiffslände wurden wieder Güter verladen. Im Hinterland entstanden villae rusticae für die Versorgung der Stadt mit Nahrungsmitteln, Töpfereien und andere Handwerksbetriebe.

Im heutigen Stadtteil Prüfening wurde 1978 die vermutlich älteste Brauerei

nördlich der Alpen entdeckt. Es handelte sich um eine archäologische Sensation. Alle notwenigen Installationen, die eine einfache Bierproduktion – wie wir sie noch aus dem Mittelalter kennen – ermöglichten, waren vorhanden. Zur Konservierung von Brunnen, Becken, Feuerstelle und Darre umgab man den Fundort mit einer bungalowähnlichen Holz-Glaskonstruktion, dem »Römerpavillon«. Die Lagerhalle wurde etwas weiter westlich gefunden. Es ist bekannt, daß in den Provinzen »cervisia« (gallisch für Bier) getrunken wurde, auch wenn ein echter Römer Wein bevorzugte.

Brunnen, interessante archäologische Fundorte

Als 1984 mit dem Bau des BWM-Werkes in Regensburg-Harting begonnen wurde, ahnte man nicht, welche vor- und frühgeschichtlichen Schätze unter dem Areal schlummern. Aus der Vielzahl von über 10 000 Fundstücken wurden die 300 aussagekräftigsten in einem neu errichteten Archäologischen Museum der Öffentlichkeit zugänglich gemacht. Neben mehreren römischen Grabungsstätten, die sich als wahre archäologische Fundgruben entpuppt haben, sind besonders die beiden Brunnen interessant, die einst zu einer villa rustica gehörten.
In einem Brunnen machte man unter Bauschutt eine grausige Entdeckung: Die Knochen einiger erschlagener und skalpierter Römer. Mitte des 3. Jahrhunderts haben Germanen den Hof überfallen und die Bewohner grausam ermordet. Die zerstückelten Leichen warfen sie in den Brunnen. Anhand der dort ebenfalls gefundenen Geräte und Knochen geschlachteter Tiere wird deutlich, daß es sich bei dem Gemetzel um eine rituelle Opfergabe an die germanischen Götter gehandelt haben muß.

Ungewöhnlich gut ist auch ein römisches Badehaus erhalten, dessen Mittelteil im frühen Mittelalter als Kirchenfundament diente und das heute gegenüber dem Museum mit Originalmaterial wiederaufgebaut wurde.
Gegen Ende des 1. Jahrhunderts wurde die Donau jedoch nicht nur durch ein Kastell bei Regensburg gesichert. Eine ganze Kette von Römerlagern wurde – ähnlich wie ein Jahrhundert zuvor am Rhein – errichtet. Einzelne Kastelle wie **Günzburg**, **Faimingen** oder **Eining** wurden hinter dem Limes von Regensburg donauaufwärts entdeckt. Donauabwärts setzte sich die Reihe fort mit **Straubing** oder **Passau** bis hinüber nach Österreich, in das römische Noricum. Die Spuren sind heute in diesen Orten weitestgehend verweht. Zum Teil spektakuläre Funde sind jedoch in Museen vor Ort und in der Prähistorischen Staatssammlung in München zu bestaunen.

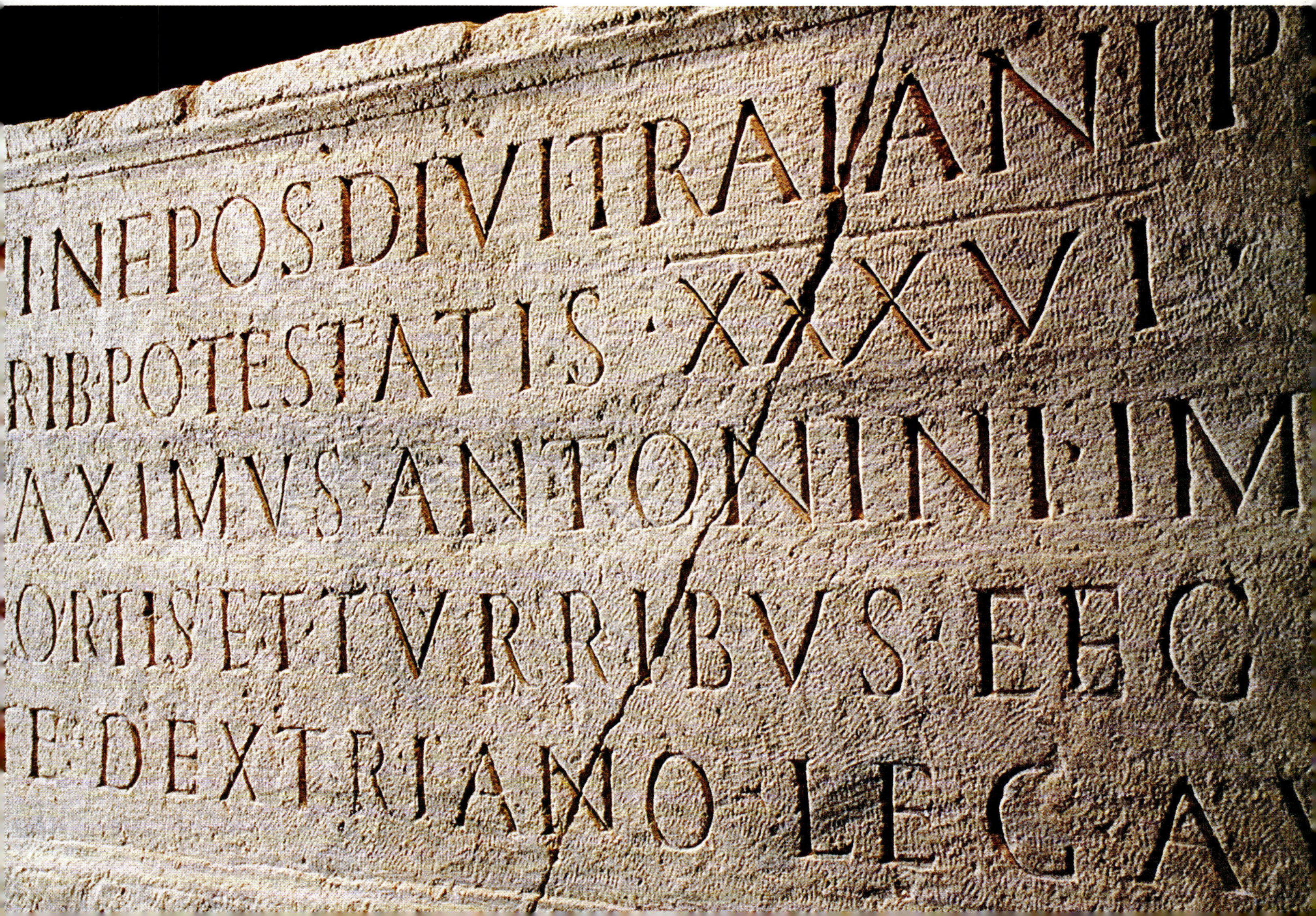

Mehr als drei Meter lang sind die erhaltenen Bruchstücke der lateinischen Inschrift, die zu Recht als »Gründungsurkunde« Regensburgs angesehen wird.

Im Archäologischen Park Cambodunum, APC, hoch über Kempten, sorgen rekonstruierte Bauten, ein Museum, interessante Ausstellungen und Veranstaltungen für römisches »Ambiente«.

Auf der Via Claudia von Kempten nach Augsburg

Ein dichtes Netz von Römerstraßen umspannte weite Teile Europas. Eine der wichtigsten Süd-Nord-Verbindungen über die Alpen war die Via Claudia, an deren Verlauf wehrhafte Kastelle und bedeutende Städte entstanden, darunter die Hauptstadt der Provinz Rätien, Augusta Vindelicum, das heutige Augsburg. Die wichtigste Station nördlich der Alpen war zunächst jedoch Kempten.

Der Keltengott Grannus fand als Heil- und Quellgott Apollo Grannus Eingang in den römischen Götterhimmel; ein bedeutendes Heiligtum wurde mitten in einem Wohngebiet in Lauingen-Faimingen teilweise rekonstruiert.

Neben Brigantium, dem heutigen Bregenz, entwickelte sich im zweiten Jahrzehnt n. Chr. Cambodunum, **Kempten** im Allgäu, zu einem zentralen Ort im Alpenvorland, planmäßig angelegt nach italienischem Vorbild. Bereits der griechische Geograph Strabon († ca. 23 n. Chr.) erwähnt den Ort in seiner »Geographie«; damit verfügt Kempten über das älteste literarische Zeugnis einer deutschen Stadt.

Seit mehr als 100 Jahren gräbt und forscht man auf dem Lindenberg in Kempten, förderte bereits römerzeitliche Funde von mehr als 40 Tonnen Gewicht zu Tage (und in die Magazine); die meisten Grabungen sind wieder zugeschüttet. Erst 1987 wurden Teile des römischen Cambodunum der Öffentlichkeit zugänglich gemacht: im Archäologischen Park Cambodunum, kurz APC genannt. Besonders eindrucksvoll ist der gallorömische Tempelbezirk (wobei »galli« für die romanisierten Kelten allgemein steht). Insgesamt 13 Kultbauten aus Stein wurden von einer U-förmigen Doppelhalle umgeben und spiegeln mit den in ihnen verehrten Gottheiten einen kleinen Ausschnitt des reich bevölkerten römischen Götterhimmels wider. In den rekonstruierten Tempelbauten und im dazugehörigen Freigelände wird die Römerzeit vor allem bei verschiedenen Veranstaltungen wieder lebendig.

Kultur-Veranstaltungen bei Thermenruinen

Seit 1995 laden die originalen Überreste der überdachten Kleinen Thermen zwar nicht gerade zum Bade, doch zur Beschäftigung mit antikem Badewesen. Und bereits bei der mehrtägigen Eröffnungsveranstaltung zeigte sich, daß der neue Schutzbau über den Thermenruinen einen außergewöhnlichen Rahmen für kulturelle Darbietungen aller Art darstellt. So waren seither verschiedene Künstler hier zu Gast.

Vom Rand des Tempelgeländes sollte man nicht den herrlichen Blick auf das moderne Zentrum von Kempten auf der gegenüberliegenden Illerseite versäumen. Dort sind im Römischen Museum im Zumsteinhaus auch die schönsten Funde aus Cambodunum zu sehen.

Im Sommer des Jahres 15 v. Chr. waren zwei Armeen unter der Führung der Stiefsöhne Kaiser Augustus' auf getrennten Wegen über die Alpen vorgestoßen: Während Drusus mit seiner Armee vermutlich durch das Etschtal und über den Reschenpaß in das Al-

Guter Überblick: Im Vordergrund die bereits beachtliche Anlage des Archäologischen Parks Cambodunum, APC, unten dahinter das heutige Kempten mit der großen St.-Lorenz-Basilika.

Im APC: Auf dem Lindenberg am östlichen Steilhang der Iller wurde seit 1885 ein Tempelbezirk ergraben und später partiell rekonstruierend wiederaufgebaut.

penvorland zog, drang sein Stiefbruder Tiberius in einer weit ausholenden Zangenbewegung von Gallien oder aus dem westlichen Oberitalien in den Bodenseeraum vor. Beide Heere vereinten sich am 1. August (dem Geburtstag des Kaisers) und beendeten nach gemeinsamer Schlacht den Sommerfeldzug.

Zur Gründung der Provinz »Raetia (et Vindelica)«, die vom Inn bis tief in die Schweiz und von Südtirol bis an die Donau reichte, kam es jedoch wohl erst einige Jahrzehnte später – und zwar in der Regierungszeit der Kaiser Caligula (37–41) oder Claudius (41–54 n. Chr.).

Via Claudia, eine römische Staatsstraße

Kaiser Claudius war es auch, der die von seinem Vater Drusus passierbar gemachte Route über die Alpen als Staatsstraße von besonderem Rang ausbaute und ihr nach altem römischen Brauch den Namen Via Claudia Augusta gab.

Bereits 1786 wurde ein Meilenstein in Italien, südlich von Belluno entdeckt. Die Inschrift nennt die gesamte Baustrecke »ad flumen Danuvium« (bis zum Fluß Donau) von 350 Meilen, was einer Entfernung von knapp 520 Kilometern entspricht.

Auch wenn die römische Expansion im Jahre 9 n. Chr. durch die Niederlage im Teutoburger Wald jäh gestoppt wurde, blieben weite Teile Europas über vier Jahrhunderte im Verband des römischen Imperiums. Bis in die ersten nachchristlichen Jahrzehnte

Eher jugendlich mutet dieser Herkules an – eine Statue aus dem Archäologischen Park in Kempten.

mußte sich die römische Heeresleitung allerdings auf eine schwache Stationierung beschränken. Das Land bis zur Donau war mit seinen durch Flußtäler vorgezeichneten Passagen überschaubar, und wegen der geringen Zahl der Bewohner stellte es keine ernst zu nehmende Bedrohung dar. In **Füssen** auf dem Schloßberg hat man die Spuren eines Nachschubkastells gefunden. Nur ein paar Kilometer weiter, in **Schwangau**, wurde bei den Ausschachtungsarbeiten zur Talstation der Tegelbergbahn eine Art Dorf mit Gutshöfen zur Verpflegung der Truppen entdeckt.
Erst in den 30er Jahren des 1. nachchristlichen Jahrhunderts setzte die vorwiegend gemäßigte Romanisierung auf dem flachen Land ein. Grundlage dieser Entwicklung war der Ausbau des römischen Straßennetzes, – die erste große planerische Unternehmung nördlich der Alpen.

Gute Straßenverbindungen im Imperium Romanum

Dem alten Sprichwort gemäß führten alle Straßen nach Rom. Insgesamt schätzt man die Länge des antiken Fernstraßennetzes auf rund 80 000 Kilometer. Das ist rund zweimal um den Äquator. Nahezu endlos lange, schnurgerade Straßendämme, Brücken und Tunnels beweisen überlegene technische Fähigkeiten.
Die römischen Verkehrseinrichtungen, zu denen auch Rasthäuser, Polizeiwachen sowie Wechselstationen für Reit- und Zugtiere gehörten, waren für die damalige Zeit das, was für uns die Autobahnen sind. Die Via Claudia hatte in Rätien eine Breite von fünf Metern. Für Wagen gab es Ausweichstellen.
Gesichert wurden die Straßen durch eine Kette von Türmen in Sichtweite. Sie dienten auch der Nachrichtenübermittlung, etwa mittels Spiegeln.

Ein Futtersilo als Nachbar des »römischen« Meilensteins an der Via Claudia in Ellighofen (bei Landsberg/Lech).

So war die Regierung im fernen Rom stets über die Ereignisse in den entlegensten Ecken des Riesenreiches informiert. Von einem leistungsfähigen Straßensystem hing nicht nur die Mobilität und Schlagkraft des Heeres ab, sondern auch das reibungslose Funktionieren des Transport- und Kurierwesens, die Wirksamkeit der Verwaltung und nicht zuletzt das Florieren von Handel und Wirtschaft. Bis ins Mittelalter und länger wurden Abschnitte der Römerstraßen benutzt. Noch heute kann man Reste an verschiedenen Orten erkennen, etwa bei **Klais** (Lkr. Garmisch-Partenkirchen) oder bei **Landsberg am Lech**.
In Abodiacum, **Epfach**, nahe Landsberg, kreuzte die Fernstraße, die von Salzburg herüberkam und über Kempten nach Bregenz führte, die Via Claudia. Hier zweigte auch die Route über Partenkirchen und Wilten zum Brenner ab. Mehr als 200 Jahre lang sicherte der kleine Militärposten Epfach den Straßenknoten und die Brücke über den Lech, bis die Alemannen ihn um die Mitte des 3. Jahrhunderts zerstörten.

Augsburg: Der lebensgroße Pferdekopf, ein Bronzehohlguß von 170 n. Chr., besticht durch seine Naturtreue.

Augsburg, Hauptstadt der Provinz Rätien

Nur wenige römische Meilen waren es von Epfach nach **Augsburg**, in die Hauptstadt Augusta Vindelicum, die römische Stadt der keltischen Vindeliker, die südlich der Donau ansässig waren. Seit den Anfängen als Zivilsiedlung neben dem ausgedehnten Militärlager im Stadtteil Oberhausen (das 16 n. Chr. bereits wieder aufgegeben wurde), hat Augsburg stetig an Bedeutung gewonnen und gleichzeitig Kempten von seiner Vorreiterrolle verdrängt. Bereits Tacitus sprach anno 98 von der »splendidissima colonia Raetia«, der überaus glanzvollen Niederlassung Rätiens. Stadtrecht erhielt Augsburg unter dem römischen Kaiser Hadrian. Ende des 2. Jahrhunderts, als Hauptstadt der Provinz Rätien, zählte Augsburg über 10 000 Einwohner, verfügte über ein großes Forum, ausgedehnte Thermenanlagen und einen großzügigen Tempel.
Leider ist davon kaum etwas zu sehen. Die Stadt war zu allen Zeiten so dicht besiedelt, daß heute die römischen Überreste bis zu sieben Meter unter

dem Straßenniveau liegen, meist von jüngeren Bauten verdeckt. Viele antike Steine sind zudem bei späteren Bauprojekten wiederverwendet worden, etwa dem Rathaus des genialen Baumeisters Elias Holl. Doch noch immer trägt die Stadt stolz die Zirbelnuß, das römische Fruchtbarkeitssymbol, im Wappen.

Bedeutung und Reichtum der einstigen Provinzhauptstadt, die in einer mehr als 200jährigen Friedenszeit zu Ansehen und Wohlstand gekommen war, kann man vor allem aus den kostbaren Funden erschließen, die im Römermuseum der Stadt ausgestellt sind. Darunter der berühmte, einst vergoldete Pferdekopf, der vermutlich von einem lebensgroßen Reiterstandbild des Kaisers Hadrian stammt (andere sprechen von Marc Aurel). Man hat die Bronze 1769 aus der Wertach gefischt.

Auf dem einstigen römischen Friedhof findet sich das Grab einer Märtyrerin: Die römische Dienstmagd Afra (= die Afrikanerin) ist um 304 ihres Glaubens wegen hingerichtet worden. Dafür ist sie heute zusammen mit dem hl. Ulrich Patronin der Diözese Augsburg – und auch die gefallener Mädchen.

Der Legende nach soll Afra nämlich die Tochter des Königs von Zypern gewesen sein, die geträumt hatte, einst Herrscherin über Augsburg zu werden. Zusammen mit ihrer Mutter zog sie an den Lech und errichtete ein Freudenhaus. Narzissus, der Bischof von Gerona kehrte auf der Flucht vor der Christenverfolgung ahnungslos hier ein. Von seinem Gebet war Afra so angerührt, daß sie sich taufen ließ. Wenig später wurde auch sie ein Opfer der Christenverfolgung und auf dem Lechfeld verbrannt. Über ihrem schlichten Steinsarkophag erhebt sich seit dem Mittelalter die Kirche St. Ulrich und Afra.

Im Jahre 1594 setzten die Augsburger ihrem Stadtgründer ein barockes Denkmal: den von Hubert Gerhard geschaffenen Augustusbrunnen vor dem Rathaus – Augsburgs schönster Monumentalbrunnen. Seit der Renovierung (1996) steht das Original sicher verwahrt im Rathaus; vom Brunnen wacht nun eine Nachbildung des römischen Kaisers über das bunte Treiben auf dem Platz und über den alljährlichen Christkindlmarkt.

Im Feldherrnpanzer, mit Lorbeer im Haar und der Rechten in typischer Imperatorengeste – so bekrönt Kaiser Augustus »seinen« Brunnen.

1950 wurde bei Ausschachtungsarbeiten der Straubinger Römerschatz gefunden (jetzt im Gäubodenmuseum): In einem Kessel fand man diese bronzenen Gesichtsmasken.

Archäologie – früher reine Schatzgräberei

In Trier gab es zu römischen Zeiten sogar zwei Münz-Prägeanstalten – die museale Münzsammlung ist sehenswert; hier die Rückseite einer Goldmünze, die Jupiter darstellt (Diokletian auf der Vorderseite).

Zunächst durch Zufall, seit dem 19. Jahrhundert meist durch Hobbyforscher aufgespürt, kamen auf deutschem Boden nach und nach herrliche Funde römischer Vergangenheit zutage. Immer noch werden sensationelle Entdeckungen gemacht und wissenschaftlich ausgewertet. Noch längst sind nicht alle Schätze geborgen ...

Archäologie auf dem Peloponnes oder in Kleinasien, auf Sizilien oder in Italien galt seit dem 17. Jahrhundert als angesehene Wissenschaft in Kreisen »professioneller« Wissenschaftler und »Dilettanten«, wie die forschenden Laien einst ohne abwertenden Beigeschmack genannt wurden. Besonders im Zeitalter der Aufklärung und des Klassizismus bewunderte man die Werke der alten Griechen und Römer – und das zurecht! Jedoch, was die gleichen Römer auf germanischem Boden geschaffen hatten, wurde weitestgehend stiefmütterlich behandelt. Sicher, die meisten Römersteine waren längst zweckentfremdet, und von den zum Teil herrlichen Mosaiken tief unter dem Straßenniveau ahnte man nichts.

In der Zeit eines Heinrich Schliemann (1822–1890), der – ebenfalls ein Dilettant und von vielen belächelt – auszog um Troja zu suchen (und zu finden), eilten nicht wenige mit Schaufel und Spitzhacke vor die Tore ihres Heimatstädtchens. Häufig wurden sie fündig. Römische Münzen, kunstvoll verzierte Sigillata-Scherben oder gar ein dekoratives Figürchen waren die begehrten Trophäen. Kehrseite der Medaille: Bei unsachgemäßen Grabungen wurden meist viele für die Forschung wesentliche Schichten unwiederbringlich zerstört.

Das Interesse an Vor- und Frühgeschichte, wie die Archäologie auf heimischen Boden heißt, war vor allem in Kreisen des gehobenen Bürgertums geweckt. Doch nur sehr langsam mauserte sich der abfällig genannte »Bastard von Schatzgräberei und Heimatkunde« zur ehrbaren Wissenschaft. Es dauerte bis zur zweiten Hälfte des 20. Jahrhunderts; erst jetzt wurden eigene Universitätslehrstühle eingerichtet.

In der zweiten Hälfte des 19. Jahrhunderts kam es jedoch zu einer Flut von Gründungen historischer Vereine, die die Erforschung der Regionalgeschichte ebenso verfolgten wie den Aufbau heimatkundlicher Sammlungen. 1877/78 wurden in Bonn und Trier die beiden ersten deutschen Pro-

Jahrhundertelang ging man sehr lässig mit dem römischen Erbe um. Heute wird jede Scherbe konserviert – und erst recht ein Mosaikboden.

Mitten auf der Via Claudia – hier bei Landsberg am Lech – wächst diese Fichte. Die alte Römerstraße ist an dem kleinen Damm zu erkennen.

vinzialmuseen gegründet, denen zahlreiche Schwesterinstitute folgten. Überregional agierte die Reichslimeskommission. Sie wurde 1892 unter Vorsitz des Althistorikers und Literatur-Nobelpreisträgers Theodor Mommsen (1817–1903) gegründet, dessen »Römische Geschichte« noch heute zu den Standardwerken zählt. Unterstützt wurde die Kommission durch öffentliche Gelder, getragen von einem immensen allgemeinen Interesse. Zehn Jahre dauerte ihre Arbeit. Sie hat manche Kritik erfahren, denn es waren voreilige Schlüsse gezogen worden, und fraglos ließen die Mittel der damaligen Archäologie viele Wünsche offen.

Dennoch: Als die Grabungen im Jahr 1902 beendet wurden, lag eine bis ins Detail gehende Bestandsaufnahme vor. Rund 100 Kastelle waren freigelegt und erforscht, fast 1000 Wachtürme entdeckt. In die Fußstapfen der Limeskommission trat die Römisch-Germanische Kommission des deutschen Archäologischen Instituts, die bis heute besteht (Sitz: Frankfurt und Ingolstadt).

Bauherren befürchten Funde beim Tiefbau

Auch wenn die Vor- und Frühgeschichte als Wissenschaft heute ernstgenommen wird, ist sie doch in weiten Kreisen äußerst unpopulär. Nicht selten wird ein Bauvorhaben verzögert, weil zuvor eine Notgrabung durchgeführt wird. Zeit ist Geld. Und dann die bange Frage: Ob wohl etwas Wichtiges, gar Sensationelles unter dem Bauland liegt? Wenn ja, kann sich der geplante Bau einer Tiefgarage oder eines Einkaufszentrums erheblich in die Länge ziehen.

Doch sind gerade Baumaßnahmen die günstige Gelegenheit, unsere Vorgeschichte zu erforschen. Und mit weni-

Vom Zahn der Zeit ziemlich mitgenommen, – so sehen römische Fundmünzen häufig aus, die aus Gold, Silber, Bronze (und antike Fälschungen aus Blei) hergestellt wurden.

gen Ausnahmen wurden alle spektakulären Funde aufgrund von Tiefbauarbeiten gemacht.

Zufällig entdeckt: Weißenburgs Thermen

So etwa im mittelfränkischen **Weißenburg**. Eigentlich sollte mit dem Bau einer Reihenhaus-Anlage begonnen werden, als man im Februar 1977 auf die Mauern eines Militärbades stieß. Nach mehrmonatiger Sicherungsgrabung stand fest: Es handelt sich um erstaunlich aufwendige Thermen, die größte erhaltene Einrichtung dieser Art in Süddeutschland. Und anstelle der Reihenhäuser wurde aufgrund eines Architektenwettbewerbs 1978/79 eine kühne Holzkonstruktion zur Überdachung des römischen Bades errichtet. 1985 konnte die Therme von Biriciana endgültig der Öffentlichkeit übergeben werden.

Inzwischen war man 1979 in der Nähe beim Anlegen eines Spargelfeldes zudem auf einen sensationellen Römerschatz mit Silbervotivtafeln, Götterstatuetten und Teilen einer Paraderüstung gestoßen. Dafür wurde das Römermuseum errichtet. Zusammen mit dem Ende der 80er Jahre ausgegrabenen und 1990 rekonstruierten Nordtor des Kastells Biriciana wirken die Römerfunde von Weißenburg heute wie ein Magnet. 40 000 Besucher der Thermen pro Jahr sind froh, daß dort vor 20 Jahren keine Reihenhaussiedlung entstanden ist.

Bereits ein Jahrhundert früher (1868) stießen preußische Soldaten bei Bauarbeiten auf dem **Hildesheimer** Galgenberg auf einen faszinierenden Silberschatz.

Eine Sensation – zumal es in dieser Gegend keine Nachweise von römischer Besiedelung gab. Zunächst dachte man daher, es würde sich um Fundstücke der Renaissance handeln. Doch war es der umfangreichste und bedeutendste Fund römischen Silbers überhaupt. Es bestand aus mehr als 70 meist formschönen und äußerst dekorativen Schau- und Serviergefäßen aus augusteischer Zeit: getriebene Schalen, Becher und Näpfe mit figürlichen und floralen Mustern, Kannen, Platten und Teller, Kandelaber und reich verzierte Dreifüße.

Man brachte den Silberfund – dem Zeitgeist des 19. Jahrhunderts entsprechend – mit Varus, Arminius und der Schlacht im Teutoburger Wald in Verbindung. Der Schatz floß damit ein in die Gründungsmythen des zweiten deutschen Kaiserreichs. Auf monumentalen Historienbildern sind Teile des römischen Fundes wiederzuentdecken.

Das römische Prunkgeschirr war in ganz Europa beliebt

Namhafte Silber- und Galvanofirmen überall in Westeuropa schufen eine Fülle von Nachformungen für das großbürgerliche Wohnzimmer der Gründerzeit. Doch nicht nur in Deutschland machte dieses römische Prunkgeschirr Furore: Bedeutende Museen wie das Victoria & Albert Museum in London kauften ganze Sätze von Nachbildungen.

Die Originale des römischen Silberfundes von Hildesheim gehören heute zum Bestand der Antikensammlung der Staatlichen Museen zu Berlin. Aber warum der Schatz bei Hildesheim vergraben wurde, ist bis heute ein ungelöstes Rätsel.

Eine der jüngsten provinzialrömischen Sensationen brachte der Bau einer Tiefgarage am 9. September 1993 im nahezu unerschöpflichen **Trier** zum Vorschein: den größten Schatzfund römischer Goldmünzen. Er bestand aus mehr als 2500 Aurei aus der Zeit von etwa 64 n. Chr. bis um 196/97, sämtlich vorzüglich – teilweise sogar prägefrisch – erhalten. Sie haben ein Gesamtgewicht von 18,5 Kilogramm. Die numismatischen Raritäten zeigen Porträts von 27 Kaisern, Kaiserinnen und ihren Familienangehörigen.

Der bislang größte Schatzfund von Goldmünzen sorgte für weltweites Aufsehen und verschaffte dem Trierer Münzkabinett zumindest für die antike Goldprägung eine führende Stellung in Europa.

Zu dem Weißenburger Römerschatz gehört diese schöne Statuette eines Apoll mit Kithara.

Im Archäologischen Park Xanten kann man fast wie zu römischen Zeiten essen und trinken. Und es schmeckt erstaunlich gut!

Man wußte zu leben: römische Tafelfreuden

Für die eher einfache Kost gewöhnten Germanen brachten die Römer die Schlemmerei ins Land. Dabei führten sie nur den Wein- und Obstanbau ein, sonst ernährten sie sich vorwiegend von den Produkten des Landes. Doch die Römer würzten gekonnt und wußten vor allem viele Zubereitungs- und Kombinationsmöglichkeiten. So profitierten die Provinzen von der Eßkultur der »Besatzer«.

Klein, aber sehenswert ist das Museum von Epfach (bei Landsberg/Lech), in dem die örtlichen Römerfunde ausgestellt sind. Darunter ist dieses schöne, zu einem Eßgeschirr gehörende Sigillata-Gefäß.

Zwei Hauptmahlzeiten kannte der Römer: das Frühstück und das Abendessen. Zum Frühstück servierte man Wasser und Brot, Reste vom Vorabend, Milch, Oliven, Eier, Käse und Honig; für die Kinder etwas Schmalzgebäck. Zu Mittag wurde nur ein kleiner Imbiß aus Käse und Brot genommen. Doch am Abend, wenn sich der vornehme Römer zu Tische legte, wurde richtig aufgetragen. Die einfacheren Leute nahmen ihre Mahlzeiten sitzend ein. Ebenso die Frauen, denn für eine gesittete Römerin ziemte es sich nicht, zum Essen auf dem Sofa zu ruhen. Auch scheint das Liegen in den nördlichen Provinzen nicht allgemein verbreitet gewesen zu sein, wie es überhaupt höchst unwahrscheinlich ist, daß man in den weit vom italienischen Mutterland entfernten Provinzen so verschwenderisch schwelgte wie in Rom.

Kein Luxus, aber mit Lebensart

Der vielbeschriebene Luxus, der bei Festmahlen sehr wohl auch zu Exzessen führte, war ohnehin nur einer sehr kleinen, reichen Oberschicht vorbehalten. Doch auch in Germanien wußten die Römer zu leben: An keiner Stelle in Westeuropa fand man in den Abfallgruben soviele Austernschalen und Pfirsichkerne wie in den Garnisonsstädten am Rhein.

Abends wurde das meist dreigängige Menü der »cena« serviert: eine kleine kalte Vorspeise, mit Eiern, Salaten oder pikant angemachten Gemüsen, Krustentieren oder Fisch, ein warmer Hauptgang mit gekochtem Fleisch und Gemüse und zum Abschluß eine Nachspeise, meist aus Obst oder süßem Gebäck bestehend. Dazu reichte man mit Wasser verdünnten Wein. In Ägypten, Spanien und den Provinzen nördlich der Alpen gab es »cervisia«, ein obergäriges Bier aus Weizen oder Gerste. Eine antike Brauerei wurde in Regensburg entdeckt. Der echte Römer konnte sich jedoch nicht so recht mit dem Gerstensaft anfreunden: »Der Rebenwein riecht nach Nektar, der Gerstenwein stinkt nach Bock«,

In der Herberge im Archäologischen Park Xanten kann der Besucher »aktuelle« Speisen erhalten, aber auch römisch speisen.

meinte der Dichter Julian. In einfacheren Haushalten begnügte man sich mit einem Eintopf aus Gemüsen und Hülsenfrüchten, Käse, selten Fleisch, Obst und Wein.
Gegessen wurde – auch in besseren Kreisen – mit den Fingern. Alle Speisen waren entsprechend kleingeschnitten. Nur für flüssige Gerichte und die beliebten weichen Eier half man sich mit Löffeln.
In erster Linie aß man, was in den einzelnen Provinzen angebaut werden konnte, Getreide war das wichtigste Grundnahrungsmittel. Es diente zur Zubereitung von Breien, vor allem aber für Brot, dessen Herstellung man heute im Archäologischen Park Xanten verfolgen kann, vom Mahlen des Getreides bis zum Backen.

Getreide spielte zur Ernährung eine wichtige Rolle – und so wird der Backofen im Archäologischen Park Xanten auch durchaus benutzt.

Gehörten dazu: Wurst und Räucherspeck

Die Lebensmittelversorgung auf dem Land erfolgte, abgesehen von gewissen Import- und Luxusgütern, durch den eigenen Hof. In städtischen Siedlungen konnte man bei Händlern kaufen, was in den umliegenden Gutshöfen produziert wurde. Das Fleisch, das auch in Form von Wurst und Räucherspeck auf den Tisch kam, wurde durch intensive Viehzucht gewonnen, Fische fing man in nahegelegenen Flüssen und Seen.
Im Gegensatz zu Italien, wo Rindfleisch verpönt war, wurde es in den Kastellen und Siedlungen nördlich der Alpen reichlich genossen, was wohl auf germanischen Einfluß zurückzuführen war. Geflügel war noch beliebter, das Ei ein wichtiger Bestandteil der täglichen Nahrung. Wild galt als teure Delikatesse und stand selten auf dem Speiseplan. Von Mosaiken und Bildschüsseln kennt man jedoch zahlreiche Jagdszenen.
Eine fast ebenso wichtige Rolle wie Getreide spielte Gemüse, allen voran

Eine richtige römische Küche mit Ofen, Gerätschaften und Geschirren kann man im Clemens-Sels-Museum von Neuss bewundern.

Der Wein war den Römern wichtig, und wo immer es ging, förderten sie den Anbau. Das berühmte Neumagener Weinschiff (in Triers Rheinischem Landesmuseum) stammt von einem Grabmal des 3. Jahrhunderts.

verschiedene Kohlsorten. Die gern gegessene Zwiebel und der Knoblauch kamen während der Kaiserzeit in besseren Kreisen der bekannten Nebenwirkung wegen allerdings in Mißkredit. So empfahl der Dichter Martial im 3. Jahrhundert: »Hast du vom Lauch aus Tarent stark riechende Stengel gegessen, küsse dann allemal nur mit geschlossenem Mund!«
Pilze wurden von Feinschmeckern geschätzt, doch da die Kenntnis der Römer, eßbare und giftige auseinanderzuhalten, äußerst mangelhaft war, kam es immer wieder zu – beabsichtigten und unbeabsichtigten – Pilzvergiftungen.
Hülsenfrüchte wie Erbsen, Bohnen und Linsen waren eine besonders bei den Unterschichten verbreitete, weil billige Nahrung. Exoten wie die Kichererbse wurden in die nördlich der Alpen gelegenen Provinzen, wo sie des kälteren Klimas wegen nur sehr schlecht gedeihen, importiert. Oliven und Olivenöl spielten eine wichtige Rolle in der altrömischen Küche. Bedeutendster Exporteur war Südspanien, dessen Transportamphoren fast im gesamten Imperium gefunden wurden. In Germanien gewann man aus Kostengründen Öl auch aus Lein oder Mohn.

Kräuter und eine Universalwürze

Viele der in großen Mengen verwendeten Gewürze wurden ebenfalls eingeführt. Man salzte wenig, nahm dafür jede Menge Kräuter, um die Speisen schmackhafter zu machen, und um die Verdauung zu fördern. In Italien beheimatete Kräuter wurden bald auch in Germanien kultiviert. Die Archäologen entdeckten, daß Senf, Dill, Koriander, Sellerie, Knoblauch, Thymian, Minze, wilder Majoran und Bohnenkraut in den Gutshofgärten angepflanzt wurden. Teuer bezahlt wurden Importe aus Arabien und Indien wie Zimt, Ingwer und Pfeffer, der gerne auch über Früchte gestreut wurde. Fast alles wurde gewürzt, vorzugsweise mit »liquamen« oder »garum«, einer Art Universalwürze, sozusagen dem »Maggi« der Antike. Wie dieses wurde es fabrikmäßig produziert und von Südspanien und Pompeji aus in alle Ecken des Römischen Reiches verschickt. Hergestellt wurde es aus stark eingesalzenen Abfällen von Fischen.
Das in Germanien unbekannte Obst

hatten die römischen Legionäre ebenfalls im Marschgepäck. Und es dauerte nicht lange, bis Äpfel, Birnen und Pflaumen auch hier angepflanzt wurden, wie heute noch im Römerpark von Köngen zu sehen ist. Erst im 1. nachchristlichen Jahrhundert kamen die Aprikose aus Armenien und der bald heißbegehrte Pfirsich aus Persien nach Italien und kurz darauf in die nördlichen Provinzen. Kirschen soll der Feinschmecker Lucullus (117–56 v. Chr.) vom Schwarzen Meer mitgebracht haben. Getrocknete Datteln aus Äthiopien waren, in Kistchen verpackt, ein beliebtes Geschenk, auch bei der ärmeren Bevölkerung, Zitrusfrüchte dagegen noch weitestgehend unbekannt.

Leckeres Beerenobst von einheimischem Geschirr

Archäologische Funde bezeugen, daß auch Beerenobst gerne und reichlich genossen wurde. Nüsse waren nicht zuletzt wegen der guten Haltbarkeit sehr beliebt, wobei Haselnüsse in Germanien wild wuchsen, der Walnußbaum jedoch wohl erst im 4. Jahrhundert n. Chr. hier kultiviert wurde. Nördlich der Alpen liebte man auch Bucheckern und Kastanien.

Als Koch- und Eßgeschirr dienten vor allem Tongefäße, die in großer Fülle bald auch in den eroberten Provinzen hergestellt wurden. Gerade die Scherben der Teller und Töpfe, Becher und Krüge sind eine große Hilfe für Archäologen. Oft lassen sie Rückschlüsse auf Entstehungszeit und Werkstatt zu und geben damit auch einen Überblick über Handelsbeziehungen und Ernährungsmethoden. Glasgefäße, wie sie in reicher Zahl in Kölner Manufakturen geschaffen wurden, gehörten zum »Sonntagsgeschirr«; so prächtige Gefäße, wie sie in Hildesheim gefunden wurden, zählten zum Luxusservice der römischen Oberschicht.

Auch wenn man sie nicht auf Hildesheimer Silber, sondern auf Porzellan des 20. Jahrhunderts serviert bekommt: Viele der römischen Gerichte schmecken uns noch heute vorzüglich. Einige Restaurants in »Römer-Orten« bereiten Speisen wieder nach dem Kochbuch von Marcus Gravius Apicius, der vermutlich in der ersten Hälfte des 1. Jahrhunderts n. Chr. in Rom gelebt hat. Er war ein Gourmet, der sein gesamtes riesiges Vermögen für Gastgelage ausgegeben hat und als Erfinder raffinierter Saucen gilt. Sie kennzeichnen noch heute die römische, süß-saure Geschmacksnote, auch wenn die Rezepte etwas unserem Gaumen angeglichen wurden.

In dem Moselort Piesport ist die römische Weinkelter Anlaß für das alljährliche römische Kelterfest im Herbst.

1
2
3
4
A
B
C
D
E
NIEDERLANDE
BELGIEN
LUXEMBURG
FRANKREICH
Nordrhein-Westfalen
Rheinland-Pfalz
Saarland
Ausschnitt
Kalkrieser Berg
Osnabrück
Minden
Herford
Bielefeld
Detmold
Teutoburger Wald
Rheine
Gronau
Münster
Gütersloh
Hiddesen
Coesfeld
Münsterland
Bocholt
Emmerich
Kleve
Xanten
Birten
Wesel
Haltern
Hamm
Delbrück
Anreppen
Lippstadt
Paderborn
Recklinghsn.
Oberaden
Bergkamen
Gelsenkirchen
DUISBURG
ESSEN
Bochum
DORTMUND
Arnsberg
Krefeld
Neuss
DÜSSELDORF
Wuppertal
Hagen
Meschede
Mönchengladbach
Solingen
Sauerland
Lennestadt
KÖLN
Bergisch-Gladbach
Jülich
Düren
Aachen
Nideggen
Wollersheim
Zülpich
Bonn
Euskirchen
Siegen
Marburg
Bad Münstereifel
Nettersheim
Remagen
Bad Neuenahr-Ahrweiler
Neuwied
Westerwald
Gießen
Wetzlar
Butzbach
Bad Nauheim
Friedberg
Saalburg
Limburg
Koblenz
Mayen
Winningen
Eifel
Gerolstein
Karden
Treis
Boppard
St. Goar
Taunusstein
Neuhof
FRANKFURT
Wiesbaden
Mainz
Darmstadt
Bitburg
Wittlich
Bernkastel-Kues
Bollendorf
Trier
Idar-Oberstein
Hunsrück
Bingen
Bad Kreuznach
Alzey
Worms
Bech-Kleinmacher (Luxemburg)
Nennig
Kaiserslautern
Ludwigshafen
Mannheim
Ladenburg
Merzig
Saarlouis
Saarbrücken
Homburg
Zweibrücken
Pirmasens
Pfälzer Wald
Neustadt a.d.Weinstr.
Speyer
Heidelberg
Landau i.d.Pfalz
Karlsruhe
Rastatt
Pforzheim
STUTTGART
Calw
Sindelfingen
Baden-Baden
Kehl
Offenburg
Freudenstadt
Rottenburg
Schwarzwald
Württemberg
Rottweil
Freiburg
Villingen-Schwenningen
Feldberg 1493 m
Badenweiler
Lörrach
Rhein
Mosel
Saar
Lahn
Main
Neckar
Ems
Lippe
Ruhr
Sieg
Ahr
Nahe
Lauter
Kinzig
Murg
Prüm
Kyll
Lieser
Our
Flensburg
Schleswig-Holstein
Kiel
Stralsund
Rostock
Lübeck
Wismar
Mecklenburg-Vorpommern
Hamburg
Schwerin
Neubrandenburg
Wilhelmshaven
Emden
Bremerhaven
Bremen
Schwedt
Wittenberge
Niedersachsen
Lingen
Berlin
Potsdam
Hannover
Braunschweig
Frankfurt/O.
Brandenburg
Osnabrück
Hildesheim
Magdeburg
Bielefeld
Sachsen-Anhalt
Wittenberg
Cottbus
Münster
Nordrhein-Westfalen
Duisburg
Dortmund
Essen
Düsseldorf
Göttingen
Halle
Leipzig
Kassel
Görlitz
Köln
Aachen
Siegen
Erfurt
Thüringen
Sachsen
Dresden
Chemnitz
Bonn
Hessen
Fulda
Plauen
Koblenz
Frankfurt
Bayreuth
Rheinland-Pfalz
Mainz
Darmstadt
Würzburg
Trier
Erlangen
Ludwigshafen
Mannheim
Nürnberg
Saarland
Saarbrücken
Bayern
Regensburg
Heilbronn
Karlsruhe
Stuttgart
Ingolstadt
Passau
Baden-Württemberg
Landshut
Ulm
Augsburg
München
Freiburg
Landsberg
Rosenheim
Kempten
Garmisch-Partenkirchen
Bodensee
75 km
Ausschnitt
Fließem
Bitburg
Wittlich
Nehren
Kinheim
Kröv
Erden
Zell
Noviand
Maring
Brauneberg
Bernkastel-Kues
Piesport
Veldenz
Dhron
Wintrich
Ernzen
Weilerbach
Butzweiler
Thörnich
Mehring
Neumagen-Trittenheim
Echternach (Luxemburg)
Longuich
Pölich
Grevenmacher (Lux.)
Trier
Igel
Waldrach
Konz
Tawern
Idar-Oberstein
Hunsrück
Serrig
12 km

Römer in Deutschland
Die jeweils in einem Kapitel beschriebenen Orte sind mit Punkten gleicher Farbe gekennzeichnet.
Seite 10 bis 21
Seite 22 bis 27
Seite 28 bis 37
Seite 38 bis 47
Seite 48 bis 53
Seite 54 bis 65
Seite 66 bis 71
Seite 72 bis 79
Seite 94 bis 113 (Infoteil; Kurzvorstellung aller Orte)
Limesverlauf
50 km
© 1998, Studio für Landkartentechnik
HANNOVER
Braunschweig
Magdeburg
Niedersachsen
Sachsen-Anhalt
Brandenburg
Sachsen
Thüringen
Leipzig
Dresden
Erfurt
Halle
Chemnitz
TSCHECHISCHE REPUBLIK
ÖSTERREICH
Bayern
Oberfranken
Unterfranken
Oberpfalz
Niederbayern
Oberbayern
Schwaben
NÜRNBERG
MÜNCHEN
Regensburg
Augsburg
Ingolstadt
Passau
Straubing
Kempten
Aschaffenburg
Würzburg
Miltenberg
Haselburg(Kastell)
Hönehaus (Kastell)
Jagsthausen
Öhringen
Weinsberg
Mainhardt
Murrhardt
Welzheim
Böbingen
Lorch
Schwäbisch Gmünd
Aalen
Rainau-Buch
Heidenheim a.d.Brenz
Gunzenhausen
Weißenburg
Ellingen
Burgsalach
Erkertshofen
Kipfenberg
Eichstätt
Pfünz
Kelheim
Eining
Bad Gögging
Neuburg a.d.Donau
Günzburg
Lauingen-Faimingen
Landsberg a.Lech
Epfach
Füssen
Schwangau
Rosenheim
Seebruck
Landau a.d.Isar
Amberg
Köngen
Kernen i. Remstal
Erzgebirge
Thüringer Wald
Bayerischer Wald
Oberpfälzer Wald
Fränkische Alb
Bayerische Alpen

In Aalens Parkmuseum stehen Kopien römischer Denkmäler, hier etwa eine Jupitersäule.

HINWEIS

Buchstabe-Ziffer-Kombination in Klammern hinter dem Ortsnamen verweist auf die Übersichtskarte Seite 92/93 samt Ausschnittkarte (= Ausschnitt bzw. a).

AACHEN (B2)

Zwischen 89 und 120 n. Chr. errichteten die Römer Thermen, über denen später die Kaiserpfalz erbaut wurde. Heute nur noch unbedeutende römische Zeugnisse.

AALEN (D5)

Um die Mitte des 2. Jh. wurde hier das größte römische Reiterkastell nördlich der Alpen von Kaiser Antonius Pius für die Ala II Flavia miliaria errichtet. Auf der einstigen Lagerhauptstraße wurde das Limesmuseum eingerichtet (St.-Johann-Str. 5; 73430 Aalen, Zweigstelle des Württembergischen Landesmuseums, Tel. 07361/961819); Ausgrabungen direkt neben dem Museum; wechselnde Ausstellungen, umfangreiches Veranstaltungsprogramm, u.a. Familien- und Aktionstage unter einem bestimmten Motto. Geöffnet di–so 10–12, 13–17 Uhr. Römisches Parkmuseum neben der Stadthalle mit 16 Kunststeinabformungen römischer Steindenkmale aus Württemberg. Römische Spolien in der mittelalterlichen Kirche St. Johannis vermauert.

Römerfest alle zwei Jahre im September (1998). – Römische Küche bietet die Stadthalle (Tel. 07361/62456). – Spezielle Wochenendarrangements »auf den Spuren der Römer«, Info: Fremdenverkehrsamt, Marktplatz 2, 73430 Aalen, Tel. 07361/522358.

ALZEY (C4)

Einem 223 n. Chr. geweihten Nymphenaltar, der heute im Museum steht, ist die Kenntnis vom römischen Vicus Altianiensis zu verdanken. Erst um 365 wurde die Niederlassung durch ein Kastell gesichert. Die jüngst durchgeführten Ausgrabungen des Römerkastells sind frei zugänglich. Das Museum (Antoniterstraße, 55232 Alzey) hat folgende Öffnungszeiten: di–so 10–12, 14 bis 17 Uhr.

AMBERG (C/D7)

1991 eröffnete die Prähistorische Staatssammlung München das Vorgeschichtliche Museum Amberg im sogenannten »Klösterl«. Da es der Vor- und Frühgeschichte der gesamten Oberpfalz gewidmet ist, finden sich hier auch Spuren der Römer, obwohl sie in Amberg selbst nicht nachweisbar sind. Bis etwa 400 gehörte der südliche Teil der Oberpfalz (entlang der Donau) zur römischen Provinz Rätien.

Römische Kultur wird anhand exemplarischer Fundstücke und des Modells der villa rustica von *Regensburg-Harting* veranschaulicht (Eichenforstgasse 12, 92224 Amberg, Tel. 09621/10247). Geöffnet: di–fr, so 10–12, 14–16 Uhr, sa 14–16 Uhr.

ANREPPEN-DELBRÜCK (A4)

Das etwa 23 ha große Lager wurde nach der Varus-Schlacht von den Römern geräumt. 1967 erste Funde; das Lager wurde daraufhin bis 1982 systematisch erforscht. Seit 1988 werden Grabungen durch das Westfälische Museum für Archäologie in Münster durchgeführt, wo auch Funde gezeigt werden (siehe dort).

ASCHAFFENBURG (C5)

Außer im Stiftsmuseum (Stiftsplatz, 63739 Aschaffenburg; geöffnet di–so 9–13, 14 bis 17 Uhr. Funde aus dem römischen Grenzkastell in *Stockstadt)* hat die Stadt keine römischen Relikte aufzuweisen. Doch hier steht mit dem Pompejanum das beeindruckendste neu-römische Gebäude in Deutschland. König Ludwig I. von Bayern hat es durch Friedrich von Gärtner als Anschauungsobjekt Mitte des 19. Jh. nach Ausgrabungsplänen der Villa »Castor und Pollux« in Pompeji errichten lassen mit Mosaiken und Wandbemalung nach historischen Vorlagen. Nach langwierigen Renovierungsarbeiten 1994 wieder eröffnet. Heute beherbergt das Pompejanum originale Antiken aus der Glyptothek und der Antikensammlung in München. Geöffnet: 15. März–15. Okt. di–so 10–12 30, 13.30–17 Uhr.

Im Schloßmuseum Johannisburg steht die weltweit größte Sammlung von aus Kork gefertigten Architekturmodellen. Sie geben

Mosaikböden von unvergeßlicher Pracht, die Mitte des 3. Jahrhunderts entstanden, bietet Bad Kreuznach dem Besucher.

die berühmtesten Ruinen Roms wider. Der Hofkonditor Carl May und sein Sohn Georg schufen sie ab 1792. Seit 1996 werden die frisch restaurierten Korkarbeiten in neugestalteten Räumen gezeigt. Öffnungszeiten: April–Okt. 9–12, 13–17 Uhr, Nov.–März 11–16 Uhr.
Das Hotel »Wilder Mann« bietet für Gruppen ab 15 Personen ein dreitägiges Programm zum Thema »Untermain und die Römer« an mit speziellen Führungen, Ausflug an den Limes sowie römischem Essen, einen römisch-gallischen Prunkabend, gekleidet in römische Gewänder mit römischen Spielen (Löherstr. 41, 63739 Aschaffenburg, Tel. 06021/302195, Fax 302234).

In Erinnerung an die große römische Badetradition in Baden-Baden wurde das neue Bad Caracalla-Therme genannt.

AUGSBURG (E6)

Im Sommer 15 v. Chr. unterwarfen Drusus und Tiberius das Gebiet nördlich der Alpen. In unmittelbarer Folge dürfte Augsburg entstanden sein. Zunächst Militärlager im Stadtteil Oberhausen. In der ersten Hälfte des 1. Jh. dann als Augusta Vindelicum (auch Vindelicorum) Hauptstadt der Provinz Rätien. Etwa 400 Jahre römische Präsenz. Heute nur noch wenige Relikte aus römischer Zeit im Stadtbild. Schlichter römischer Steinsarkophag der hl. Afra in der Gruft der Kirche St. Ulrich und Afra.
»Römermauer« am Domplatz. Grabungsfunde des 1. bis 4. Jh. im Römischen Museum (Dominikanergasse 15, 86150 Augsburg, Tel. 0821/3242180). Öffnungszeiten: mi–so 10–16 Uhr.
Reste einer Römerstraße mit Wagenspuren im Maximiliansmuseum sowie römische Altertümer, die seit 1822 im St.-Anna-Gymnasium gesammelt wurden (Philippine-Welser-Str. 24, 86150 Augsburg, Tel. 0821/3242174). Geöffnet: Mai–Sept. di–so 10 bis 17 Uhr, Okt.–April di–so 10–16 Uhr.

AUSGRABUNGEN

Wer Lust hat, kann selbst bei einer Ausgrabung teilnehmen. In Deutschland kann man bisher einzig in Landau an der Isar bei archäologischen Grabungen unter sachkundiger Anleitung graben, doch ist nicht sicher, daß man dabei nur auf römische Funde stößt. Im August 1997 fand ein Laie eine kleine Rarität aus der Jungsteinzeit (Informationen bei Kreisarchäologe Ludwig Kreiner, Landratsamt 84130 Dingolfing, Tel. 08731/870 oder 09951/941101).

BAD GÖGGING (D7)

Um 110 wurde von Kaiser Marcus Ulpius Traianus über den Schwefelquellen eine der größten Badeanlagen in Germanien errichtet. Sie bestand bis zum Abzug der Römer um 400. Unter der romanischen Kirche St. Andreas wurde ein Badebecken entdeckt sowie Reste von über 20 römischen Gebäuden in der näheren Umgebung. Seit 1880 in dem »klassischen Heilbad« wieder reger Kurbetrieb. Seit 1997 Römisches Museum in St. Andreas: Führungen ganzjährig di 14 Uhr, fr 16 Uhr, sa 10 Uhr, so 13.30 Uhr und nach Vereinbarung (Tel. 09445/2442). Weitere Öffnungszeiten sind geplant.
Einmal monatlich Vortrag »Die römischen Badeanlagen in Bad Gögging«. Info: Kurverwaltung, 93333 Bad Gögging, Tel. 09445/95750.

BAD KREUZNACH (C4)

Eine aus dem 19. Jh. stammende Scheune des ehemaligen Rittergutes Bangert wurde als »Römerhalle« mit 1000 Quadratmeter Ausstellungsfläche eingerichtet. Hauptattraktion sind die beiden aus der Mitte des 3. Jh. stammenden Mosaikböden aus der benachbarten Palastvilla. Unmittelbar neben der »Römerhalle« liegt die römische Villa (2. Jh.), die von 1975 bis 1980 systematisch ergraben wurde. Sie ist in ihrem zugänglichen Teil (etwa ein Drittel der ehemals ca. 5 600 Quadratmeter großen Anlage – allein im Erdgeschoß hatte das Gebäude 50 Räume!) teilweise aufgemauert und begehbar. In Deutschland findet sich keine zweite römische Villa von entsprechender Größe. Öffnungszeiten: di–so 10–17 Uhr.

BAD MÜNSTEREIFEL (B3)

Die aus insgesamt sechs Kalköfen bestehende römische Kalkbrennerei war von ca. 150 bis 300 n. Chr. in Betrieb und hatte rund 60 Beschäftigte, die sich aus Soldaten der in Castra Vetera (Xanten) stationierten Legion zusammensetzten (Kalkarer Weg, 53902 Bad Münstereifel, Tel. 02253/8027). Öffnungszeiten: Mai–Okt. sa, so und feiertags 10–17 Uhr.

BAD NEUENAHR-AHRWEILER (B3)

Die Präsenz der Römer in Ahrweiler bezeugt die 1980 entdeckte und seit 1993 zugängliche römische Villa (2./3. Jh.) am Fuß des Silberbergs. Alle Räume, sogar die Außenwände waren bemalt. Das Museum Römervilla (Tel. 02641/5311) ist geöffnet Ostern bis 15. Nov., di–fr 10–18 Uhr, sa, so und feiertags 10–17 Uhr.

BAD RAPPENAU (D5)

Etwas außerhalb, Richtung Ortsteil Zimmerhof, wurden 1971 die Reste einer zwischen 150 und 250 n. Chr. erbauten villa rustica entdeckt. Teile der Mauern wurden restauriert; den Verlauf der übrigen markieren Betonplatten.

BADEN-BADEN (D4)

Bereits im 1. Jh. wurden von den Römern die heißen Quellen genutzt. Der Ort wurde kurz Aquae (lat. Wasser) genannt. Laut einer Inschrift, die 1848 nördlich der ehe-

Unter Baden-Badens ehemaliger Stiftskirche sind die Reste der römischen Badeanlagen zu besichtigen.

maligen Stiftskirche gefunden wurde, hat Kaiser Caracalla im 3. Jh. die Badeanlage erweitern, modernisieren und mit Marmorplatten auslegen lassen, was zeigt, daß das Bad von Baden-Baden schon seinerzeit »Weltruhm« hatte. Damals erhielt es den Namen Civitas Aurelia Aquensis. Der Alemanneneinfall um 260 bereitete der Römersiedlung ein jähes Ende. Reste der römischen Badeanlage sind heute unter der ehemaligen Stiftskirche zu besichtigen.

In der Stadtgeschichtlichen Sammlung (Schloßstr. 22, 76530 Baden-Baden, Tel. 07221/932272) Funde der Römerzeit. Geöffnet April–Sept. di–so 10–12, 14 bis 17 Uhr. Römisches auch im Stadtmuseum im Baldreit (Küferstr. 3, 76530 Baden-Baden): di–so 10–12, 14–17 Uhr.

BADENWEILER (E3)

Vermutlich als Aquae Villae um 75 von Basel aus als Kurbad im Südschwarzwald erbaut. Die römischen Badruinen sind nur April–Okt. di 17 Uhr und so 11.15 Uhr zu besichtigen. Auskunft: Fremdenverkehrsamt, 79410 Badenweiler, Tel. 07632/720.

BENNINGEN AM NECKAR (D5)

Um 100 n. Chr. entstand zur Sicherung des Neckarlimes ein Kastell für die 24. Kohorte, die nach der Verlegung des Limes nach Murrhardt umzog. Das Lagerdorf blieb jedoch noch bis Mitte 3. Jh. bestehen. Teile der Römerstraße neben dem Rathaus. Funde im Römermuseum mit Freilichtanlage (Rathaus, 71726 Benningen am Neckar, Tel. 07144/9060). Geöffnet mo–fr 9–12, mo bis do auch 14–16 Uhr.

In Benningen begann gewissermaßen die römische Archäologie in Württemberg: Seit 1597 führte Simon Studion im Auftrag des Herzogs Friedrich die Grabungen im Bereich des römischen Kastells durch. Studions Funde bildeten den Grundstock des römischen Lapidariums des Württembergischen Landesmuseums, Stuttgart; zu besichtigen nach Voranmeldung (siehe dort).

BERLIN

Die Antikensammlung der Staatlichen Museen verfügt über reiche Bestände an klassisch römischen Kunstwerken, die zu einem Teil im Pergamonmuseum (Architektur, Plastik, vor allem Grabreliefs, Porträts) und zum anderen im Alten Museum (ebenfalls Porträts, Gold, Silber und Kleinfunde) zu sehen sind. Die Sammlungen im Alten Museum sind im Mai 1998 neu eröffnet worden (hier auch der Hildesheimer Silberschatz); die Sammlungen im Pergamonmuseum werden in den nächsten Jahren neu geordnet.

Beide Museen befinden sich auf der Museumsinsel (Tel. 030/20905555) und sind geöffnet di–so 10–18 Uhr.

BINGEN (C4)

Nur das Heimatmuseum, Burg Klopp (Maria-Hilf-Straße, 55411 Bingen) bewahrt noch Erinnerungen an die Zeit der römischen Kolonisation. Geöffnet April–Mitte Okt. di–so 9–12, 14–17 Uhr.

BIRTEN *siehe Xanten*

BÖBINGEN (D5)

Ehemaliges Kastell am rätischen Limes (Mitte 2. Jh.). Rekonstruierte Fundamentreste frei zu besichtigen. In der Nähe Limesteilstück (bei Mögglingen).

BONN (B3)

Die Stadt und das Regierungsviertel ruhen zu großen Teilen auf römischen Fundamenten. Als Bonna bzw. Castra Bonnensia kurz

Mit reichen Funden aus der Römerzeit wartet Bingens Heimatmuseum auf: Einzigartig ist das fast komplette Chirurgenbesteck.

vor der Zeitenwende von Drusus in Zusammenhang mit der Kette von 50 Rhein-Kastellen gegründet. Heute kaum noch Spuren im Stadtbild. Unter dem Münster Gräber der römischen Märtyrer Cassius, Florentinus und Mallusius.

Einige der schönsten Funde aus Bonn und dem gesamten Rheinland befinden sich im Rheinischen Landesmuseum. Doch man muß noch bis zum Frühjahr 2001 warten, bis dieses reichbestückte Museum wieder seine Pforten öffnet. Es wird generalsaniert. Unter der Reihe prächtigster Steinmonumente aus dem Rheinland fällt vor allem ein sogenannter Matronen-Altar auf – wohl der schönste seiner Art und gleichzeitig eines der schönsten Beispiele provinzialrömischer Plastik überhaupt (164 n. Chr.): Drei Damen mit zum Teil übergroßen Hauben sitzen auf einer Bank, gekleidet in weite Mäntel und lange Röcke. Auf den Knien tragen sie Teller mit Früchten. Hinter ihnen sitzt vermutlich die Stifterfamilie: Quintus Vettius Severus, der Chef der Finanzverwaltung in Köln, seine Frau und seine Tochter.

Etwa 150 solcher Muttergottheiten kennt man dank der Inschriften mit Namen. In diesem Fall war der Altar den aufanischen Matronen geweiht, deren Kultzentren vermutlich in Bonn und Nettersheim lagen. Hier wurden besonders viele Weihesteine für sie gefunden. Sie werden als Fruchtbarkeits-Gottheiten gedeutet und sind ein Relikt aus der heimischen Götterwelt.

Doch die Römer waren in religiösen Fragen tolerant. Auch sie dankten den Muttergottheiten für eine glückliche Rückkehr aus dem Krieg (und verewigten sich selbst gleichzeitig als tapfere Soldaten) oder für erfolgreichen Handel. Die Matronenaltäre sind ein gutes Beispiel für die Kunstwerke einer Mischbevölkerung aus Kelten, Germanen und Römern (Colmantstr. 14–16, 53115 Bonn).

BOPPARD (C3)

9 v. Chr. als Römerkastell anstelle einer Keltensiedlung gegründet; Reste einer Mauer aus spätrömischer Zeit (um 370 n. Chr.).

BURGSALACH (D6)

Rekonstruierter hölzerner Limesturm sowie Fundamente eines Burgus.

DARMSTADT (C4)

Die schönsten Funde aus ganz Hessen sind im Landesmuseum gelandet. Beispielsweise das Original der berühmten Jupitergigantensäule aus *Butzbach,* eine von vielen ähnlichen Säulen. Diese mehrere Meter hohen Säulen waren der höchsten Gottheit des römischen Götterhimmels geweiht. Für die Römer waren die Götter aktiv handelnde Wesen, die in das alltägliche irdische Geschehen eingriffen und die man sich möglichst gewogen machen sollte. Bei besonderen Anliegen gelobte man hilfreichen Göttern ein Denkmal, das bei erfolgreicher Hilfe prompt gesetzt wurde.

Der Begriff Jupitergigantensäule ist erst in unseren Tagen erfunden worden. In alten Inschriften erscheint lediglich der Begriff »columna« (= Säule). Die Bekrönung der Säule war meist ein reich verziertes Kapitell, auf dem die Figurengruppe saß, die dem ganzen Denkmal den Namen gab: Jupiter und die Giganten. Sie, die Söhne der Erde, hatten es gewagt, gegen die Götter aufzubegehren, waren aber im Kampf unterlegen. Der über die Giganten galoppierende Jupiter ist übrigens ein typisch provinzialrömischer; im klassischen Rom wurde er thronend oder aufrecht stehend dargestellt. In den Sockel der Säule wurden meist Reliefs anderer Götter geschlagen. Ihre Auswahl traf der Errichter des Monuments nach eigenem Geschmack.

Die Butzbacher Säule hat insgesamt eine Höhe von 3,7 Metern und datiert vom Ende des 2. Jh. n. Chr. Als Vorbild für alle späteren wird die große Jupitersäule von *Mainz* (um 60 n. Chr.) angesehen, die als die älteste gilt. Hier ist Jupiter sogar noch zu Fuß. Die Fülle der folgenden Jupitergigantensäulen konzentriert sich auf die nordwestlichen Provinzen. Die Weiheplastiken – die ursprünglich bemalt waren – wurden innerhalb von Städten errichtet oder gehörten zu einer villa rustica, deren Besitzer sich ein solches Denkmal leisten konnte.

Hessisches Landesmuseum (Friedensplatz 1, 64283 Darmstadt, Tel. 06151/165703). Öffnungszeiten: mo–sa 10–17, so und feiertags 11–17, mi auch 19–21 Uhr.

DETMOLD-HIDDESEN (A4)

Südlich von Detmold, auf den Resten der alten, 386 m hoch gelegenen Grotenburg, wurde das monumentale Hermannsdenkmal durch den Bildhauer Ernst Josef von Bandel errichtet. Feierliche Einweihung des Denkmals 1875 durch Kaiser Wilhelm I.

DEUTSCHE LIMESSTRASSE

Eine der jüngsten deutschen Tourismus-Routen ist die »Deutsche Limesstraße«, die von Miltenberg bis Regensburg, vom Main bis zur Donau führt und neben einer Reihe von Ausgrabungen und Rekonstruktionen zahlreiche Veranstaltungen aufzuweisen hat. Zunächst konzipiert für motorisierte Touristen, ist die Limesstraße dennoch auch mit dem Rad zu befahren, da sie teilweise über Nebenstraßen führt. Außerdem existie-

Kopien der Römersteine stehen an der »Gräberstraße«, die anläßlich der Bundesgartenschau in Bonns Rheinaue angelegt wurde.

Eichstätt präsentiert seine römischen Funde in der Willibaldsburg, die sich imposant über der Altmühl erhebt.

ren örtliche Lehrpfade und Rundwege sowie zwei Fernwanderwege. Der Fernwanderweg des Schwäbischen Albvereins hat eine Länge von rund 200 km (Symbol: Wachturm); der Limeswanderweg im Naturpark Altmühltal folgt dem Grenzverlauf von Gunzenhausen bis Kelheim auf etwa 110 km (Symbol: L). Ein eigener Radwanderweg ist geplant. Spezielle Literatur, Informations- und Kartenmaterial werden empfohlen, da verschiedene Spuren am Limes nur auf Fußwegen (von entsprechenden Parkplätzen aus) zu erreichen und nicht leicht zu finden sind (Verein Deutsche Limesstraße e. V., Marktplatz 2, 73430 Aalen, Tel. 07361/522362, Fax 07361/521907).

EICHSTÄTT (D6)

Römische Funde aus dem Altmühltal sind im Ur- und frühgeschichtlichen Museum in der Willibaldsburg zu sehen, u.a. aus den Kastellen *Pfünz* und *Böhming-Kipfenberg* sowie der Zivilsiedlung bei *Nassenfels* (Tel. 08421/89450). Öffnungszeiten: April–Sept. 8–12, 13–17 Uhr, Okt.–März 10–12, 13–16 Uhr.

EINING (D7)

Römerkastell Abusina, gut konservierte Grundmauern des römischen Kastells und der Zivilsiedlung sind zu besichtigen di–so 13–17 Uhr und nach Vereinbarung (Tel. 09443/2674). Die Funde sind im Archäologischen Museum in Kelheim (siehe dort) ausgestellt.

ELLINGEN (D6)

An der Straße nach Höttingen freigelegte, restaurierte Grundmauern des Kastells Sablonetum; Südtor mit römischer Inschrift.

EPFACH (E6)

Römisches Lager Abodiacum nahe Landsberg zur Sicherung einer wichtigen Straßenkreuzung, heute kaum Spuren zu sehen. Sehr kleines Dorfmuseum.

ERKERTSHOFEN (D6)

Rekonstruierter steinerner Turm am rätischen Limes, 1992 fertiggestellt. Ein kleiner Lehrpfad führt zu Originalgrundmauerresten von Limestürmen in der Nähe.

FLIESSEM (aC3)

Teilweise rekonstruiert ist die Villa Otrang (1. Jh. n. Chr.), ein palastartiger Gutshof mit guterhaltener Badeanlage sowie vier originalen Mosaikfußböden, 5 km nördlich von Beda vicus *(Bitburg)*. Zu besichtigen 9–13, 14–17 Uhr, Karwoche–Sept. bis 18 Uhr, geschlossen am ersten Werktag jeder Woche sowie Dez. und Jan.

FRANKFURT (C4)

Die Furt im Main spielte als Kreuzungspunkt von Wasser- und Landverbindung eine wichtige Rolle. Auf einer Flußinsel, dem heutigen Domhügel, wurde wahrscheinlich schon unter Kaiser Augustus ein militärischer Posten errichtet. Wenige Reste im »Archäologischen Garten«. Erst zu Beginn des 2. Jh. setzte die zivile Besiedlung ein. Römerstadt Nida im Stadtteil Heddernheim von ca. 70 bis 260 n. Chr. Funde im Museum für Vor- und Frühgeschichte in der ehemaligen Karmeliterkirche (Tel. 069/21235896; Sonderausstellungen, Veranstaltungen, z.B. »Archäologie in der Mittagspause«). Öffnungszeiten: di–so 10–17, mi bis 20 Uhr.

FRIEDBERG (C4)

Römische Badeanlage in der Burg. Römerfunde der gesamten Region im Wetterau-

Bei Eining – hier die Fundamente des Kastells – endet der rätische Limes an der Donau.

Außer den restaurierten Grundmauern kann Ellingen auch das Südtor des Kastells vorweisen.

Steinerner Limeswachturm bei Grab: Viel Komfort war nicht zu erwarten in so einem Bau.

Museum (Haagstr. 16, 61169 Friedberg, Tel. 06031/88215). 1994 wurde die Römische Abteilung neu konzipiert. Im Zentrum steht der römische Münzschatz aus *Ober-Florstadt,* der mit mehr als 1100 Münzen vom 1. bis 3. Jh. zu den größten römischen Münzfunden in Europa zählt. Geöffnet di–fr 9–12, 14–17 Uhr, sa 9–12, so 10–17 Uhr.

GRAB (D5)

Rekonstruierter steinerner Limesturm ein paar Kilometer nördlich von Murrhardt auf dem »Heidenbuckel«: Wegen seiner erhöhten Lage vermutet man hier einen der römischen Hauptvermessungspunkte. Auch eine Palisadenwand wurde nachgebildet.

GÜNZBURG (E5)

Keltisch-römisch Guntia. Hier bestand bereits eine Ansiedelung, als Kaiser Vespasian ein Kastell für 500 Reiter errichten ließ (um 77/78). Dieses Lager wurde mit dem Bau des Limes überflüssig. Die Soldaten zogen ab, die Siedlung entwickelte sich jedoch zu einem Handelszentrum, bis in der Zeit der Alemannenkriege die Garnison zurückverlegt wurde. In der Stadt kaum Reste, jedoch ein Gräberfeld mit mehr als 1400 Bestattungen und reichen Beigaben gefunden. Es ist das größte freigelegte Gräberfeld nördlich der Alpen. Funde im Heimatmuseum im ehemaligen Piaristenkolleg (Rathausgasse 2, 89312 Günzburg, Tel. 08221/38828). Geöffnet di–fr 10–12, 1. So im Monat 14 bis 16 Uhr; vom 22. Dez. bis 6. Jan. geschlossen.

GUNZENHAUSEN (D6)

Östlich des Bismarck-Turms, der zum Teil aus Limessteinen errichtet wurde, kann man auf dem alten Burgstall im Wald Reste eines Römerkastells mit Wachturm erkennen.
In *Theilenhofen* (rd. 9 km östlich) römisches Kastell, restaurierte Fundamente des jüngeren Bades, unter Hadrian (regierte 117 bis 138) erbaut. Die prächtigen Grabungsfunde sind zum Teil in der Prähistorischen Staatssammlung in München (siehe dort).

Interessante Präsentation im Heimatmuseum Günzburg: Als würden die Geschirre gerade aus zwei Jahrtausende alten Schichten ans Tageslicht gelangen.

Die Rekonstruktion »im Haus des Augenarztes« veranschaulicht, womit manche Phantasie überfordert wäre; zu sehen im Römermuseum Homburg-Schwarzenacker.

Im Oktober 1998 Eröffnung einer umfangreichen Römerabteilung des Museums Gunzenhausen mit sehenswerten Funden aus dem gesamten Landkreis (Brunnenstr. 1, 91710 Gunzenhausen, Tel. 09831/508-40; Auskunft auch bei der Tourist-Information, Tel. 09831/4191).

HALTERN (A3)

Westfälisches Römermuseum, 1993 eröffnet: Hier finden sich die Ergebnisse aus fast einem Jahrhundert archäologischer Forschung in Westfalen, darunter die Funde aus den westfälischen Kastellen in *Anreppen, Oberaden, Beckinghausen* und *Holsterhausen.*

Reiches Angebot des Museumspädagogischen Dienstes, dazu gehört beispielsweise die Ausrichtung von Kindergeburtstagen. Weitere Veranstaltungen sind geplant (Tel. 02364/93760). Geöffnet di–fr 9–17 Uhr, sa–so 10–18 Uhr.

HAMBURG

Das Museum für Kunst und Gewerbe (Steintorplatz 1, 20099 Hamburg) besitzt eine umfangreiche Antikensammlung mit dem Schwerpunkt Marmorplastik. Öffnungszeiten: di–so 10–18 Uhr, do bis 21 Uhr.
Ende 1997 wurde erstmals in der Antikensammlung Abendessen wie »Lucullus in Rom« angeboten. Wegen des großen Erfolgs sind weitere Veranstaltungen geplant (Anfragen: Tel. 040/24862700).

HAUSEN AN DER ZABER (D5)

Nachbildung der über 7 m hohen Jupitergigantensäule (um 200 n. Chr. errichtet und kurz darauf durch die Alemannen zerstört), deren Reste hier gefunden wurden.

HECHINGEN-STEIN (E4)

Eine der größten und besterhaltenen villae rusticae (entstanden etwa 86 n. Chr., bis Mitte des 3. Jhs.) mit mindestens acht nachgewiesenen Gebäuden sowie einem Bad mit Hypocaustum liegt am Ortsausgang des Dörfchens Stein. 1978/81 untersucht, 1991 Freilandmuseum mit teilrekonstruierter Portikusvilla eröffnet. Im Museum befinden sich Originalfunde.
Im römischen Backhaus können Besucher nach Voranmeldung Getreide mahlen und Brot backen: April–Okt. di–so 10–17 Uhr; Wintermonate geschlossen; Führungen nach Vereinbarung (Tel. 07471/6400, Wintermonate Tel. 3614, Fax 14805).
Historisches Römermenü auf Vorbestellung im nahen Hotel-Gasthof Lamm (Tel. 07471/9250, Fax 92542).

HEIDENHEIM A. D. BRENZ (D5)

Heidenheim, Aquileia, war zwischen 90 und 150 n. Chr. Standort einer Reitereinheit. Neben dem Kastell entwickelte sich eine Zivilsiedlung mit mehreren tausend Einwohnern. Verschiedene Bäder und Großbauten gaben dem Ort ein sehr städtisches Gepräge.
259/60 endete hier das römische Leben. Das Museum bietet auf beachtlichen 2500 Quadratmetern alles Wissenswerte über die Geschichte der römischen Siedlung, einer Garnison in der Provinz Rätien. Museum im Römerbad (Theodor-Heuß-Str. 3, 89518 Heidenheim an der Brenz, zahlreiche Veranstaltungen, Tel. 07321/327397). Geöffnet mi–so 10–12, 14–17 Uhr.

HEIDENHEIM-HECHLINGEN (D6)

Restaurierte Grundmauern einer villa rustica am Geologischen Lehrpfad bei Hechlingen (Auskunft: Tel. 09833/1015 oder 1685).

HOMBURG (Saar) (D3)

Das Römermuseum Homburg-Schwarzenacker mit angegliedertem Freigelände zeigt teilweise wiedererrichtete Wohnhäuser mit rekonstruierter Einrichtung sowie ganze Straßenzüge einer römischen Handelssiedlung, die Mitte des 3. Jh. zerstört wurde. Sorgfältig eingehauene Kerben für Bohlen sowie Trittsteine für Kanäle zeigen, wie ausgefeilt das Abwassersystem war (Tel. 06848/875). Geöffnet März–Nov. di–so 9 bis18 Uhr, sonst sa, so 10–16 Uhr; Gästeführung jeweils so 15 Uhr.

INGOLSTADT (D6)

In dem durch seine Keltenfunde bekannten *Manching* (6 km südlich von Ingolstadt) werden im kleinen Keltisch-Römischen Museum auch Funde aus dem nahen Römerkastell in *Oberstimm* gezeigt (nach Vereinbarung, Tel. 08459/850 oder 915). Ob hier (in einem zu errichtenden Anbau) auch die beiden 1994 entdeckten Römerschiffe (werden derzeit in Mainz konserviert) gezeigt werden, ist noch nicht geklärt. Ingolstadt möchte noch viel nachdrücklicher die drei Meter breiten und 18 Meter langen Holzschiffe, die als Sensation anzusehen sind, in einem eigens dafür zu schaffenden Museumsraum ausstellen. Im Stadtmuseum Ingolstadt (Auf der Schanz 45, 85049 Ingolstadt, Tel. 0841/3051885) werden bereits Teile der Funde aus Oberstimm gezeigt. Öffnungszeiten: di–fr 9–17, so und feiertags 10–17 Uhr.

JAGSTHAUSEN (D5)

Zahlreiche Funde bei einem 1992 archäologisch untersuchten Kastellbad (wieder verfüllt), das zum Kastell des 2./3. Jh. gehörte. Das Freilichtmuseum Römerbad in der Nähe des Rathauses in der Ortsmitte ist frei zugänglich.
Funde im Museum in der Götzenburg, geöffnet Mai–Okt. täglich 10–11.30, 13.30 bis 17 Uhr.

JÜLICH (D3)

An einem wichtigen Straßenknotenpunkt wurde das Kastell mit der dazugehörigen Zivilsiedlung Vicus Juliacum gegründet. Funde im neueingerichteten Stadtgeschichtlichen Museum, im Kulturhaus am Hexenturm (Tel. 02461/63228). Öffnungszeiten: mo–fr 14 bis 18 Uhr, sa, so und feiertags 11–18 Uhr.

KALKRIESE (A4)

In dieser Gegend nördlich von Osnabrück wird in jüngster Zeit der Schauplatz der Varusschlacht (am Teutoburger Wald) ver-

mutet. Die Grabungen sind noch nicht abgeschlossen. Vor Ort ist für den Laien wenig zu sehen, doch sind Überlegungen im Gange, die Römerfunde in Zukunft mehr touristisch aufzubereiten. Derzeit kann man sich im Infozentrum über den Stand der Dinge erkundigen. Neben Schautafeln sind Originalfunde ausgestellt.
Infozentrum: Vennerstr. 69, 49565 Bramsche-Kalkriese (Tel. 05468/92040). Geöffnet di–so 10–17 Uhr, in den Sommermonaten bis 18 Uhr.
Ein Teil der Funde ist im Kulturgeschichtlichen Museum in *Osnabrück* verwahrt (derzeit Umbau; Marienstr. 5/6, 49074 Osnabrück, Tel. 0541/3232237).

KARLSRUHE (D4)
Provinzialrömische Kunst aus Baden im Badischen Landesmuseum im Schloß. Öffnungszeiten: di–so 10–17.30 Uhr, do bis 21 Uhr.

KELHEIM (D7)
Durch die Ausgrabungen im Bereich des Rhein-Main-Donau-Kanals wurde der Bestand des Archäologischen Museums der Stadt um ein Vielfaches vermehrt. Seit 1981 sind die Funde, darunter auch Exponate aus *Eining,* im ehemaligen Kornspeicher (Lederergasse 11, 93309 Kelheim, Tel. 09441/10492) untergebracht. Für die lebendige Darstellung der Vor- und Frühgeschichte wurde das Museum 1982 mit dem Europäischen Museumspreis ausgezeichnet. Geöffnet: April–Okt. di–so 10–16 Uhr, sonst nach Vereinbarung.
Das Museum ist zugleich Ausgangspunkt für einen archäologischen Wanderpfad, der zu einem spätrömischen Kleinkastell auf dem Frauenberg (oberhalb von Weltenburg) und einem Burgus, einer römischen Straßenstation, führt.
An der Straße nach *Hienheim* (gegenüber von Eining auf dem jenseitigen Donauufer) steht am Ende der rätischen Limesmauer die Hadrianssäule, 1861 von König Maximilian II. von Bayern errichtet. Westlich der Säule ein rekonstruierter Holzwachturm.

KELLMÜNZ A. D. ILLER (E5)
Um 300 n. Chr. auf dem Illerhochufer Errichtung des Kastells Caelius mons. Von 1986 bis 1993 systematisch erforscht. Neuerrichteter Museumsturm auf antiken Fundamenten: Hier werden die Forschungsergebnisse dokumentiert.
Archäologischer Park mit Museumsturm (Rechbergring, 89293 Kellmünz). Öffnungszeiten: April–Okt. so und feiertags 14–17 Uhr und nach Vereinbarung (nur Museumsturm; Tel. 0731/7040118).

KEMPTEN (E5)
An der Stelle einer alten Keltensiedlung etwa zur Zeitenwende als Cambodunum gegründet. Um 18 n. Chr. erste Erwähnung durch den Geographen Strabon. Bedeutende Römersiedlung, die langsam durch Augsburg verdrängt wurde. Um 259/60 nach Einfall der Alemannen Verlegung der Stadt vom rechten Illerufer an den Fuß der Burghalde.
1987 Eröffnung des Archäologischen Parks Cambodunum (APC) mit rekonstruiertem gallo-römischem Tempelbezirk und kleiner Therme. Öffnungszeiten: Mai–Okt. di–so 10–17 Uhr, Nov.–April di–so 10–16.30 Uhr, Jan. und Febr. geschlossen. Umfangreiches Veranstaltungsangebot (Tel. 0831/574250). Im Sommer Theater und Musik im APC.
Römisches Museum im Zumsteinhaus (Residenzplatz, 87435 Kempten, Tel. 0831/12367), geöffnet di–so 10–16 Uhr.

KERNEN-ROMMELSHAUSEN (D5)
Etwa 500 m südlich von Rommelshausen wurde 1971 eine kleine villa rustica entdeckt, von der Mauerreste zu erkennen sind. Zahlreiche Kleinfunde sind heute im Württembergischen Landesmuseum, Stuttgart (siehe dort), ausgestellt.

KIPFENBERG (D6)
Hier überquerte der Limes die Altmühl. Gedenkstein von König Maximilian II. von Bayern (1861). Originalspuren der rätischen Mauer, u.a. bei Pfahldorf und auf dem Pfahlbuck (rekonstruierter Holzwachturm).
Kastell im Ortsteil *Böhming* (Funde im Ur- und Frühgeschichtlichen Museum Eichstätt, siehe dort).
Derzeit wird ein Römer- und Bajuwarenmuseum auf der Burg Kipfenberg eingerichtet, das voraussichtlich im Frühjahr 1999 eröffnet wird.
Das Limesfest findet alljährlich um den 15. August statt, der in Bayern Feiertag ist (Mariae Himmelfahrt). Nähere Auskünfte bei der Tourist-Information, Marktplatz 2, 85110 Kipfenberg, Tel. 08465/941041, Fax 941043.

KOBLENZ (C3)
Am Zusammenfluß von Rhein und Mosel lag eine römische Festung, deren Reste zum Teil noch als Grundmauern unter den mittelalterlichen Bauwerken erhalten sind, beispielsweise im Kirchgarten von St. Florin.

KÖLN (B3)
Um 38 v. Chr. als Ubiersiedlung durch die Römer angelegt; 50 n. Chr. Stadt als Colonia Claudia Ara Agrippinensium (CCAA). Zahlreiche Relikte der Römerzeit noch heute im Stadtbild, darunter Reste der Stadtmauer mit dem wiederaufgebauten Teil des Nordtors, Lysolphturm, Römerturm, Helenenturm und Griechenpforte.
Das Praetorium, der einstige Palast des Statthalters von Niedergermanien, unter dem Rathaus mit ständiger Ausstellung römischer Weihedenkmäler und römischem Kunstgewerbe (Eingang Kleine Budengasse) ist geöffnet di–fr 10–16 Uhr, sa, so 11–16 Uhr. Von hier auch Zugang zum Abwasserkanal.
Im Ubiermonument (An der Malzmühle 1), dem älteste Steinquaderbau an der Südostecke der römischen Stadt, der zur Sicherung des Hafens diente, sind römische Architekturdenkmäler ausgestellt. Zugänglich

Unglaublich, die Fülle der Exponate im Römisch-Germanischen Museum von Köln; hier u.a. Fundamentpfähle der römischen Rheinbrücke.

Die Zinnen lassen an eine altdeutsche Ritterburg denken, doch es ist der südliche Eckturm in Köngens Römerpark.

nur bei öffentlichen Führungen und nach Vereinbarung (Tel. 0221/2214542).
Römische und frühmittelalterliche Grabanlage unter St. Severin: Führungen mo und fr 16 Uhr durch den Küster.
Römisch-Germanisches Museum mit Exponaten von Weltrang (Roncalliplatz 4, 50667 Köln, Tel. 0221/2212304 oder 2214590): di–fr 10–17 Uhr, do bis 20 Uhr, sa, so 11 bis 17 Uhr. Sonderausstellungen, zahlreiche Veranstaltungen und Spezialführungen.
Öffentliche Führung sonntags jeweils 11.30 und 15 Uhr (Römer in Köln). Führungen werden auch durch den Museumsdienst der Stadt veranstaltet (Tel. 0221/2214198 oder 2213468; Fax 2214544).
Höchst sehenswert: die römische Grabkammer in *Köln-Weiden* (Aachener Str. 1328, 50859 Köln, Tel. 02234/73399), eine bedeutende unterirdische Grabanlage mit Skulpturenschmuck. Geöffnet di–do 10 bis 13 Uhr, fr 10–17 Uhr, sa, so 13–17 Uhr; Gruppenanmeldungen erforderlich.

KÖNGEN (D5)

Um 90/95 n. Chr. wurde Grinario als typisches Kohortenkastell mit einem Ausmaß von 151 x 160 m und einer Besatzung von 600 Mann an der Fernstraße von Mainz nach Augsburg und zur Sicherung des Neckarübergangs gegründet. 155 n. Chr. nach Lorch verlegt. Daneben gleichnamige Siedlung, 260 n. Chr. von den Alemannen zerstört. 1911 Wiedererrichtung des südlichen Kastell-Eckturms. 1986 erneute Grabungen, 1988 Eröffnung des Museums. Römerpark mit Obstgarten jederzeit zugänglich; das Römermuseum ist geöffnet April–Okt. so und feiertags 10–18 Uhr und nach Vereinbarung (Gemeindeverwaltung, 73257 Köngen, Tel. 07024/80070).

KREFELD (B3)

Rechtsrheinisch lag das römische Auxiliar-Kastell Gelduba, vermutlich unter Tiberius (regierte von 14 bis 37 n. Chr.) errichtet. Hier wurde eines der größten antiken Gräberfelder mit bisher rund 5500 Gräbern entdeckt. Funde im Museum Burg Linn (Tel. 02151/570036) darunter eine ansehnliche Sammlung römischer Gläser aus dem 1. bis 4. Jh. Öffnungszeiten: April–Okt. di–so 10–18 Uhr, sonst di–so 11–17 Uhr.

LADENBURG (D4)

Die Altstadt von Lopodunum birgt reiche Reste der Römer, die bis 74 n. Chr. zurückreichen. Neben dem Bischofshof, der heute das Lobdengaumuseum beherbergt, sind antike Hausmauern in eine kleine, informative Freilichtanlage integriert. Zu besichtigen sa, so 11–17 Uhr und nach Vereinbarung (Tel. 06203/700).
Neben der Kirche St. Gallus sind täglich 9–17 Uhr die Reste einer großen römischen Markthalle zu sehen.

LANDAU AN DER ISAR (D7)

Im ehemals herzoglichen Kastenhof ist 1995 das Niederbayerische Vorgeschichtsmuseum als Zweigmuseum der Prähistorischen Staatssammlung in München eröffnet worden. Es führt ein in die Welt der Archäologie und gibt anhand von ausgewählten Funden aus Niederbayern einen guten Einblick auch in die Römerzeit in diesem geographischen Raum (Oberer Stadtplatz, 94405 Landau, Tel. 09951/2385). Öffnungszeiten: di–fr 10 bis 16 Uhr, sa, so 10–17 Uhr.

Vom Limes nur etwa 300 Meter entfernt lag das Mainhardter Kastell, dessen Fundamente noch zu sehen sind.

LAUFFEN AM NECKAR (D5)

In den Weinbergen, nahe dem rechten Neckarufer, sind die Reste einer villa rustica zu sehen.

LAUINGEN-FAIMINGEN (D6)

Faimingen (Phoebiana) war einst ein Nachschublager an einem wichtigen Verkehrsknotenpunkt. Von etwa 90 bis 260 bedeutendes Wallfahrtszentrum mit großen Tempelanlagen, in denen der alte keltische Wassergott Grannus als Heil- und Quellgott Apollo Grannus Eingang in den römischen Götterhimmel gefunden hat. Kaiser Caracalla soll sich hier länger aufgehalten haben. Grabungen legten eine doppelte Säulenhalle frei; Tempel teilweise rekonstruiert. Römische Bauteile in der Umgebung, etwa an der Martinskirche in *Gundelfingen*. Einige Funde im Heimathaus; es ist geöffnet April bis Okt. 2. So im Monat 10–12 Uhr und nach Vereinbarung (Tel. 09072/998110).

LORCH (D5)

155 n. Chr., im Zuge der Ostverschiebung des Limes, wurde die Besatzung von Köngen hierher verlegt. Lorch war das südöstlichste Kastell Obergermaniens. Es ist heute gänzlich überbaut. Fundamente eines Torturms sind im Garten des evangelischen Gemeindezentrums (Kirchstr. 30/32) sichtbar. Beim Kloster Rekonstruktion eines hölzernen Wachturms.

MAINHARDT (D5)

Reste eines Kastells etwa 300 m westlich des Limes. Auch ein Kleinkastell konnte 1975 in der Nähe nachgewiesen werden (heute nicht mehr sichtbar). Römische Funde sind im Museum in der ehemaligen katholischen Kirche ausgestellt. Keine festen Öffnungszeiten; Tel. 07903/91500.

In der Nähe im Mönchwald (Buchwald) Limesstück, auf Fußweg zu erreichen. Fundamente eines Wachturms bei *Mönchsberg*, ebenfalls Fußweg.

MAINZ (C4)

38 v. Chr. gegründet von Drusus als Lager im Stadtteil Kästrich (von lat. castrum). In der Stadt kaum Reste der Römerzeit; in Zahlbach die Kerne von rund 50 Pfeilern des einstigen Aquädukts. Große Römerabteilung im Mittelrheinischen Landesmuseum im ehemaligen Marstall (Tel. 06131/28570). Es ist geöffnet di–so 10–17 Uhr.

Sehenswertes auch im Römisch-Germanischen Zentralmuseum im kurfürstlichen Schloß, geöffnet di–so 10–18 Uhr. Römerschiffe sind zu bewundern im Museum für antike Schiffahrt (Neutorstr. 26, 55116 Mainz, Tel. 06131/286630), geöffnet di–so 10–18 Uhr.

MILTENBERG (C5)

Zwei Kastelle in strategisch günstiger Lage am Main: Altstadtkastell im Mündungsbereich der Mud und Ostkastell mit Beginn des Limes am Mainufer. Tempelbezirk auf dem Greinberg. Im Stadtbild kaum Spuren. Überaus interessante Funde im 1996 neu gestalteten Museum der Stadt im Schnatterloch (Marktplatz) mit großer Römerabteilung und dem berühmten Toutonen-Stein. Öffnungszeiten: Mai–Okt. di–so 11–17 Uhr, Nov. bis April mi–so 11–16 Uhr; Führungen nach Vereinbarung (Tel. 09371/404153).

MINDELHEIM (E6)

Im 1994 eröffneten Südschwäbischen Vorgeschichtsmuseum werden am Beispiel der frührömischen befestigten Siedlung auf dem Auerberg (Landkreis Weilheim-Schongau) Geschichte und Kultur der Römer veranschaulicht, unter anderem anhand des Nachbaus eines römischen Reisewagens in Originalgröße. Den Luxus ländlicher Gutshöfe zeigt eindrucksvoll die rekonstruierte, mit Fresken geschmückte Apsis eines Badegebäudes aus einer villa rustica von *Schwangau* (Landkreis Ostallgäu). Am Beispiel der Befestigung von Goldberg bei *Türkheim* wird das Ende der römischen Herrschaft in Rätien erzählt. Das Museum (Jesuitenkolleg, Hermelestr. 2, 87719 Min-

Ein merkwürdiges Ding ist Miltenbergs Toutonen-Stein, der seit einiger Zeit im Museum der Stadt ausgestellt wird.

delheim, Tel. 08261/6964) ist geöffnet di bis so 10–12, 14–16 Uhr.

MÖCKENLOHE (D6)

Villa rustica, rekonstruierter römischer Gutshof (Tel. 08424/277).
Im Zweijahres-Rhythmus, alternierend mit Pfünz, wird im Sommer das bäuerliche Fest in der Römervilla gefeiert (1998).

MÜNCHEN (E6)

Auch in der Münchner Prähistorischen Staatssammlung beweisen Beispiele römischer Wandmalerei, daß diese nicht auf den Golf von Neapel beschränkt waren. Die schönsten Bilder mit Pfauen und anderem Federvieh, mit nackten Jünglingen und Meeresungeheuern stammen aus der Villa zu Füßen des Tegelbergs bei *Schwangau* und brauchen den Vergleich mit Pompeji nicht zu scheuen.
Überhaupt sind in dieser Sammlung die herrlichsten Römerfunde aus ganz Bayern vereint, obwohl die bayerische Landeshauptstadt in römischer Zeit keinerlei Bedeutung hatte. Doch hat man die wichtigsten Relikte hier zusammengestellt, teilweise in Nachbildung, wie die »Gründungsurkunde« von Regensburg, meist jedoch im Original, wie die prächtigen Rüstungsteile mit verzierten Helmen, beeindruckenden Gesichtsmasken und reich geschmückten Beinschienen aus verschiedenen Schatzfunden.
Umfangreich ist die Sammlung kleiner Götterstatuetten aus Bronze oder Ton. Jeder Haushalt hatte seinen privaten Hausaltar, denn wo Rom war, waren auch die Götter Roms. Offiziell pflegte man zudem einen aufwendigen Kaiserkult. In *Kempten* wurde die Hand einer lebensgroßen, vergoldeten Kaiserstatue entdeckt. Diese Statuen sind in der Regel nur bruchstückhaft erhalten, denn nach dem Tod des jeweiligen Herrschers wurden sie überflüssig und in Notzeiten größere Teile eingeschmolzen (Lerchenfeldstr. 2, 80538 München, Tel. 089/293911). Geöffnet di–so 9–16 Uhr, do bis 20 Uhr.
In der Glyptothek und der Antikensammlung (beide am Königsplatz) finden sich hervorragende Beispiele klassisch römischer Kunst; wechselnde Ausstellungen (Tel. 089/286100 oder 5591551). Öffnungszeiten: di–so 10–17 Uhr, do bis 20.30 Uhr.
Die Staatliche Münzsammlung in der Residenz, eine der ältesten Spezialsammlungen für Münzen und Geldgeschichte, umfaßt auch einen größeren Bestand an römischen Münzen. Einmalige Spezialbibliothek mit ca. 20 000 Bänden zur Geldgeschichte (Residenzstr. 1, Eingang Kapellenhof, Tel. 089/227221); geöffnet di–so 10–16.30.
Südlich von München, oberhalb der sogenannten Römerschanze (am alten Isarübergang einer Römerstraße), steht die Burg *Grünwald*. Im westlichen Flügel ist ein römisches Lapidarium untergebracht, in einem Kellerraum wurde eine römische Küche aufgebaut, wie sie aus Darstellungen und Grabungsfunden rekonstruiert werden konnte (Zweigmuseum der Prähistorischen Staatssammlung; Zeillerstr. 3, 82031 Grünwald, Tel. 089/6413218). Öffnungszeiten: 15. März–30. Nov. mi–so 10–16 Uhr.

MÜNSTER (A3/4)

Westfälisches Museum für Archäologie mit zahlreichen Römer-Funden aus ganz Westfalen; wechselnde Ausstellungen, Veranstaltungen (Rothenburg 30, 48143 Münster, Tel. 0251/590702). Öffnungszeiten: di bis so 10–18 Uhr.

MURRHARDT (D5)

Vom Kastell (um 150 n. Chr.) und der Lagersiedlung sind keine Reste sichtbar; die Funde sind im neugeordneten Carl-Schweizer-Museum (Ecke Friedensstraße/Seegasse, 71540 Murrhardt, Tel. 07192/5402) untergebracht, darunter Abgüsse einer Reliefdarstellung von Romulus und Remus mit der Wölfin. Öffnungszeiten: Karfreitag–Okt. täglich 11–12, 16–17 Uhr, sa 11–12, 15 bis 17, so 10–12, 14–17 Uhr.

NENNING (C3)

Im zentralen Festsaal der römischen Prunkvilla liegt das 1852 entdeckte Mosaik mit seinen Bildern aus dem Amphitheaterleben. Es ist zu bewundern April–Sept. 8.30–12, 13–18 Uhr, Okt.–März 9–12, 13–16 Uhr, geschlossen am ersten Werktag jeder Woche.

NETTERSHEIM (B3)

Reste des Tempelbezirks mit Kopien römischer Grabsteine. Seit 1988 kann man auf den Spuren der Römer wandern: Auf rund 100 km folgt man dem Römerkanalweg von Nettersheim bis Köln. Mit 94,1 km Trassenlänge ist sie eine der längsten Fernwasser-

Im freundlichen Öhringen ist aus der römischen Zeit nur noch beim Kreiskrankenhaus etwas sichtbar: Hier wurden im Skulpturenpark römische Denkmäler aufgestellt.

leitungen des Römischen Reichs und versorgte vom 1. bis 3. Jh. Köln mit Frischwasser. Immer wieder stößt man auf Reste der römischen Wasserleitung sowie auf alte Römerstraßen (Informationsmaterial beim Eifelverein, Stürtzstr. 2–6, 52349 Düren, Tel. 02421/13121).
Wanderung »auf Römerstraßen rund um Nettersheim« vorbei an Resten, die zum Teil erst 1994 ausgegraben wurden.

Neuburg a. d. Donau (D6)

Einige Römersteine und bedeutende Grabfunde der mittleren (2./3. Jh. n. Chr.) und späten Kaiserzeit (4. Jh.), die größtenteils aus einem Gräberfeld in Neuburg stammen, finden sich im 1987 eröffneten Vorgeschichtsmuseum im Schloß (Philipp-Wilhelm-Bau, 86633 Neuburg an der Donau, Tel. 08431/8897). Öffnungszeiten: di–so 10–17 Uhr.

Neuss (B3)

Novaesium wurde durch Drusus als Ausgangsbasis für seine Germanienfeldzüge am linken Rheinufer um 16 v. Chr. gegründet. Erste Zivilsiedlung im 1. Jh. im heutigen Zentrum. Koenenlager (so genannt nach seinem Entdecker Konstantin Koenen): Archäologischer Spazierweg mit Steindenkmälern im Verlauf des einstigen Lagers. Jupitersäule (Kölner Straße), römische Steintische, Grabsteine, Kybele-Kultstätte.
Große Römerabteilung im Clemens-Sels-Museum (Am Obertor, 41460 Neuss, Tel. 02131/904131), geöffnet mi–so 11–17 Uhr.

Nideggen-Wollersheim (B3)

Alljährlich am 3. Sonntag im Juni findet im Rheinischen Amt für Bodendenkmalpflege (Landschaftsverband Rheinland) im Stiftshof *Wollersheim* ein Tag der offenen Tür statt mit verschiedenen Vorführungen und römischen Speisen (Information Tel. 02425/7684).

Oberaden-Bergkamen (A3/4)

Zwischen 11 und 8 v. Chr. entstand hier ein 54 ha großes römisches Lager, das die Sugambrer unter Kontrolle halten sollte. Im Stadtmuseum (Tel. 02306/8676) werden Funde und Rekonstruktionen gezeigt. Öffnungszeiten: di, mi, do 10–12, 14–17 Uhr, fr, sa 14–17 Uhr, so 11–18 Uhr.

Obernburg am Main (C5)

Hier zweigte der alte Odenwald-Neckar-Limes vom Main ab. 83/85 Kastell Nemaninga errichtet, das die heute noch bestehenden Straßenzüge festlegte. Ruine des Römerbaus am Neustädter Hof und das 1996 neu eröffnete Römermuseum (Untere Wallstr. 29a, 63785 Obernburg am Main, Tel. 06022/61910). Öffnungszeiten: di–sa 14–16, so 10–16 Uhr und nach Vereinbarung.

Oberriexingen (D4)

1957/58 wurde eine villa rustica mit einem ursprünglich 13,6 m langen Weinkeller entdeckt. Römischer Weinkeller (Weilerstraße 14, 71739 Oberriexingen, Tel. 07042/9090 oder 4570) informiert über den Weinbau zur Zeit der Römer anhand von Geschirr, Münzen und Dioramen. Öffnungszeiten: mi 15 bis 18, so 14–17 Uhr und nach Vereinbarung.

Öhringen (D5)

Das einstige Vicus Aurelianus, benannt nach Marc Aurel erstreckte sich als Lagersiedlung zwischen zwei Kastellen, von denen heute wegen Überbauung kaum mehr Reste zu sehen sind. Skulpturenpark mit römischen Steinen beim Kreiskrankenhaus und im Eingangsbereich. Funde im Weygang-Museum (Karlsvorstadt 30, 74613 Öhringen). Öffnungszeiten: di–fr 10–12, 14–16 Uhr. Andere Funde aus Öhringen sind in *Schloß Neuenstein* verwahrt, die meisten jedoch im Württembergischen Landesmuseum, Stuttgart (siehe dort).

Osterburken (D5)

Kreuzungspunkt einiger Römerstraßen, gesichert durch Doppelkastell mit Lagersiedlung, Bäder, Weihebezirk (2./3. Jh.). Heute größtenteils von der Stadt überbaut. Funde im Museum mit überdachter Therme (Römerbad, 74706 Osterburken, Tel. 06291/40123 oder 8258). Öffnungszeiten: April bis Okt. sa, so und feiertags14.30–16.30 Uhr und nach Vereinbarung.

Passau (D8)

Am verkehrsgünstigen Zusammenfluß von Donau, Inn und Ilz entstand anstelle des keltischen Oppidum Boiodurum um 80 n. Chr. auf dem rechten Innufer ein Auxiliarkastell. Um 270 im Osten des Altstadthügels ein weiteres Kastell, nach der hier stationierten Kohorte von Batavern »Batavis« genannt. Seine Lage im Bereich des Klosters Niedernburg wurde durch Grabun-

Passau hat schon wegen seiner Lage eine bemerkenswerte römische Vergangenheit; im Museum Boiotro ist u.a. dieser Teil des Grabmals der Copponia ausgestellt.

Das Kastellgelände in Pfünz mit Eckturm, Nordtor und Wehrmauern vermitteln einen hervorragenden Eindruck von der Größe eines römischen Kastells.

gen 1980 ermittelt. Das dazugehörige Lagerdorf ersteckte sich bis zu der in Resten erhaltenen »Römerwehr« am Westrand des Altstadthügels. Im 3. Jh. wurde das Kastell Boiodurum aufgelassen und unter dem Namen Boiotro im Westen der Innenstadt neu errichtet. Umfangreiche Mauerreste wurden 1974/75 ergraben. Das Kastell gab auch der in seiner Umgebung entstehenden Zivilsiedlung den Namen.

Das Römermuseum Kastell Boiotro wurde 1986 in einem spätmittelalterlichen Haus eröffnet, das direkt auf Fundamenten des spätrömischen Kastells steht; erhaltene Mauerreste sowie bedeutende Funde der Umgebung (Lederergasse 43, 94032 Passau, Tel. 0851/34769). Öffnungszeiten: März–Nov. di–so 10–12, 14–16 Uhr; Juni bis Aug. ab 13 Uhr.

PFÜNZ (D6)

Römerkastell Vetoniana oberhalb von Pfünz, gegründet um 90, Grundmauern und vollständig originalgetreu nachgebautes Nordtor des Kastells sowie wiederaufgebauter Eckturm; zwischen Nordtor und Eckturm begehbare Wehrmauer, jederzeit zugänglich. Teile der Grabungsfunde sind im Ur- und Frühgeschichtlichen Museum in *Eichstätt* zu sehen (siehe dort).

Im Zweijahres-Rhythmus wird im Sommer, alternierend mit Möckenlohe, das Kastellfest, ein zweitägiges Spektakel, gefeiert (1999). Römische Küche bietet die Gaststätte Sichert (Tel. 08426/231).

Informationszentrum: Naturpark Altmühltal, Notre Dame 1, 85072 Eichstätt, Tel. 08421/98760, Fax 987654.

RADWANDERWEGE

Die »Römer-Route« ist zwischen Xanten und Detmold auf einer Länge von rund 280 km unter Federführung des Fremdenverkehrsverbandes Münsterland Touristik (Hohe Schule 13, 48565 Steinfurt, Tel. 02551/939291, Fax 02552/930203) eingerichtet worden. Als Symbol dient ein Römerhelm.

Die »Via Romana« verbindet Xanten und das niederländische Nimwegen (Projektbüro, Kalkarer Str. 19, 47551 Bedburg-Hau, Tel. 02821/66063, Fax 02821/66052).

Historischer Radwanderweg zur römischen Weinstraße im Moselland (Verkehrsamt, 54338 Schweich, Tel. 06502/407117); siehe auch unter Trier.

Den Naturpark Altmühltal durchziehen zwar 800 km Radwege sowie 5 Linien eines Radlerbusses, die viele der Römerorte berühren, doch gibt es keine ausgesprochene Römertour (Information: Naturpark Altmühltal, Notre Dame 1, 85072 Eichstätt, Tel. 08421/98760, Fax 987654).

Der deutsche Donau-Radweg von Donaueschingen bis Passau berührt die Römer-Orte Günzburg, Lauingen, Neuburg/Donau, Bad Gögging, Kelheim, Regensburg, Straubing und Passau (Arbeitsgemeinschaft Deutsche Donau, Landratsamt, 86633 Neuburg a. d. Donau, Tel. 08431/57237, Fax 57308).

RAINAU (D5)

Im Ortsteil *Buch*, im Naherholungsgebiet am Stausee, wurde das Kastell mit Bad vollständig ausgegraben und in ein Freilichtmuseum verwandelt.

Im Ortsteil *Schwabsberg*, im Wald Mahdholz, wurden Teile der Limesmauer konserviert und ein hölzerner Limesturm in voller Höhe rekonstruiert.

Im Ortsteil *Dalkingen* sind die Reste eines Limestores mit triumphbogenartiger Fassade zu sehen.

Die Römerfunde sind durch einen Rundwanderweg (11 km) verbunden.

1990 wurde im nahen *Ellwangen-Pfahlheim* an der Kastellstraße ein Stück Limesmauer freigelegt. Das gut 12 m lange Fundamentstück ist bis zu 10 Steinlagen hoch erhalten.

REGENSBURG (D7)

Ende des 1. Jh. Kastell mit Lagerdorf im Stadtteil Kumpfmühl. Nach Zerstörung durch die Markomannen 179 n. Chr. Neubau von Castra Regina, dem größten Kastell Süddeutschlands. Reste der Mauern sowie des Nordtors, der Porta Praetoria, sind erhalten. Die Inschrift des verschwundenen Osttors mit dem Hinweis auf die Gründung des Kastells 179 durch Marc Aurel befindet

Auf den Spuren der Römer radfahren – die »Via Romana« lädt dazu ein. Hier geht es beim niederländischen Ort Cuijk mit der Fähre »Spes Vera«, wahre Hoffnung, über die Maas.

Was ein Triumphbogen war – heute verlockt es die Jungen zum Klettern; so gesehen am Limestor von Rainau-Dalkingen.

sich heute im Historischen Museum der Stadt, wo eine Reihe bedeutender Römerfunde zu sehen ist (Dachauplatz 2–4, 93047 Regensburg, Tel. 0941/5072448; Sonderausstellungen), geöffnet di–so, feiertags10–16 Uhr.

Das Archäologische Museum im BMW-Werk *Regensburg-Harting* wurde für die sensationellen Funde, die beim Bau des Werkes 1984 gemacht wurden, eingerichtet. Es ist geöffnet di 9–12 Uhr; jeden 2. So im Monat 10–12 Uhr und nach Vereinbarung (Tel. 0941/7702012).

Der Römerpavillon im Stadtteil *Prüfening* (Kornweg) ist so errichtet, daß durch Glaswände die Reste der vermutlich ältesten Brauerei nördlich der Alpen (2. Jh. n. Chr.) jederzeit zu sehen sind.

Für das Jahr 2000 ist in Regensburg eine große Landesausstellung mit umfangreicher Römerabteilung geplant.

REMAGEN (B3)

Das Römische Museum präsentiert Grabungsfunde der näheren Umgebung aus dem 19. und 20. Jh. in der »Knechtstedener Kapelle«, die ihrerseites auf römischen Fundamenten steht. Die Exponate sind anschaulich nach Themen gruppiert, etwa Götterwelt, Alltagsleben, Totenkult der Römer usw. Das Museum (Kirchstr. 9, 53424 Remagen, Tel. 02642/2010) ist geöffnet März bis Okt. mi–so 15–17 Uhr.

RÖMERFESTE

In Aalen, Kipfenberg, Möckenlohe und Pfünz finden regelmäßig Römerfeste statt. Römische Weinfeste in der Gegend von Trier (siehe Stichwort »Trier-Land« Seite 111), von denen das römische Kelterfest in Piesport das bekannteste ist.

Um die lateinische Sprache lebendig zu halten, Theaterstücke bis hin zum Kabarett in Lateinisch aufzuführen, wurde 1984 in München unter Leitung von Prof. Dr. Wilfried Stroh, alias Valahfridus, die Sodalitas LVDIS LATINIS faciundis e.V. gegründet. Sie gibt nicht nur verschiedene Schriften heraus, sondern unterstützt mit diversen Darbietungen römische Veranstaltungen in ganz Deutschland (Informationen beim Institut für Klassische Philologie der Universität München, Geschwister-Scholl-Platz 1, 80539 München, Tel. 089/2180-3421).

ROSENHEIM (E7)

Die Funde aus dem römischen Pons Aeni, lat. für Inn-Brücke (heute *Pfaffenhofen* bei Rosenheim), sind in der umfangreichen römischen Abteilung des Städtischen Museums ausgestellt, daneben auch Erzeugnisse der Großtöpferei aus dem nahen *Westerndorf*. Städtisches Museum im Mittertor (Ludwigsplatz 26, 83022 Rosenheim). Öffnungszeiten: di–sa 9–13, 14–17 Uhr.

ROTTENBURG (E4)

Als Sumelocenna auf keltischem Boden im 1. Jh. n. Chr. von Kaiser Domitian an der Fernstraße von Köngen nach Rottweil gegründet. Verwaltungsort mit 2 km langer Stadtmauer, drei Badeanlagen und einer Wasserleitung. Der größte Teil der Ruinen ist heute überbaut.

Der Bau eines Parkhauses förderte 1986 die einzige große öffentliche Latrine nördlich der Alpen zu Tage (2./3. Jh.). 1992 Eröffnung des Römischen Stadtmuseums (Am Stadtgraben, 72108 Rottenburg, Tel. 07472/165371) an der Stelle der einst 32 m langen öffentlichen Toilettenanlage, im Untergeschoß des Parkhauses mit Lapidarium in den Grünanlagen. Öffnungszeiten: di bis fr 10–12, 14–16.30 Uhr, sa, so, feiertags 10–16.30 Uhr.

Große Glasfenster ermöglichen den ungehinderten Blick in Regensburgs Römerpavillon, der die Reste einer römischen Brauerei – hier der Trocknungsraum – beherbergt.

In Saarbrückens Landesmuseum für Vor- und Frühgeschichte stellt diese hübsche Bronze einen Genius dar.

Der zweite konservierte römische Stadtausschnitt liegt unter dem Neubau des Eugen-Bolz-Gymnasiums in der Mechthildenstraße. Hier ist ein 200 Quadratmeter großes Römerbad zu besichtigen (Schlüssel im Sekretariat des Gymnasiums und an der Kasse des Museums).

Römische Stadtführungen werden angeboten vom Amt für Touristik, Tel. 07472/ 165274 oder 165343.

Etwas außerhalb, in der »Kesselhalde« südlich des Neckars, sind zwei römische Säulen zu bewundern, die einst zu einer villa rustica gehörten und bereits 1884 ausgegraben wurden.

Rund 7 km westlich von Rottenburg, in *Bad Niedernau*, sprudeln Schwefelquellen, die seit der Römerzeit benutzt wurden.

Bei *Obernau* (ca. 1,2 km entfernt) begann der Aquädukt für die Frischwasserversorgung von Sumelocenna. Die Quellfassung und Teile der Leitung sind noch auszumachen.

ROTTWEIL (E4)

Arae Flaviae, Stadt im rechtsrheinischen Teil der Provinz Obergermanien, gegründet 73 n. Chr. zur Sicherung des Knotens verschiedener Fernstraßen und des Neckarübergangs. Mindestens 5 Kastelle nachgewiesen, 3 Tempel, 3 öffentliche Bäder, Werkstätten und Friedhöfe.

Dominikanermuseum (Am Kriegsdamm, 78628 Rottweil) mit großer Römer-Abteilung, 1992 eröffnetes Zweigmuseum des Württembergischen Landesmuseums (sehenswerte Mosaikfußböden, u.a. Orpheusmosaik). Öffnungszeiten: di–so 10–13, 14 bis 17 Uhr (an Feiertagen geschlossen); Führungen nach Vereinbarung (Tel. 07041/ 7662).

Das Römerbad an der B 27 (neben Stadtfriedhof) ist jederzeit zugänglich. Eine Hypokaustanlage befindet sich unter der Kirche St. Pelagius (Schlüssel im Pfarramt).

Im 15 km nordwestlich entfernten *Waldmössing* wurde das Römerkastell auf alten Mauern rekonstruiert.

Im 10 km westlich gelegenen *Fischbach* hat man drei römische Gebäude einer villa rustica entdeckt und die einstige Badeanlage überdacht (jederzeit frei zugänglich).

SAALBURG (C4)

Nördlich von Bad Homburg gelegenes Kastell von 83 bis 260 n. Chr. Im 19. Jh. ergraben und von Kaiser Wilhelm II. ab 1897 durch Louis Jacobi wiedererrichtet. Grundsteinlegung am 11. Oktober 1900 im Rahmen des »Kaiserfestes«; Fertigstellung 1907. Bronzestatue des Kaisers Antonius Pius vor dem Eingang vom Berliner Bildhauer Götz.

Originale römische Funde im Saalburgmuseum, das täglich 8–17 Uhr geöffnet ist. In unregelmäßigen Abständen werden Römertage veranstaltet, darüber hinaus finden alljährlich Jazz- und klassische Konzerte sowie Vortragsreihen statt. Für Gruppen werden Abendveranstaltungen arrangiert mit Umtrunk in antikem Ambiente (Tel. 06175/ 93740, Fax 937411).

SAARBRÜCKEN (D3)

Die schönsten Funde aus dem gesamten Saarland finden sich im Landesmuseum für Vor- und Frühgeschichte (Am Ludwigsplatz 16–17, 66117 Saarbrücken). Öffnungszeiten: di–fr 9–16, so 10–17 Uhr.

Im 28 km nordwestlich gelegenen *Waller-*

Die Tonstatuette eines Reitpferdes ist zu bewundern im Römermuseum Bedaium zu Seebruck am Chiemsee.

»Weinlese« hat man die römische Säulentrommel aus dem 1. Jahrhundert genannt; im Historischen Museum der Pfalz in Speyer.

fangen sind die Reste eines römischen Kupferbergwerks zu sehen (nach Voranmeldung Tel. 06831/61824), im benachbarten *Dillingen* in der Römerschule kleine Dauerausstellung (geöffnet zu Schulzeiten).

SCHWÄBISCH GMÜND (D5)

Westlichstes Kastell des rätischen Limes aus der Zeit um 150. Nur wenige Teile sind ergraben. Funde im Museum für Natur und Stadtkultur (Johannisplatz 3, 73525 Schwäbisch Gmünd) zu sehen: di–so 14–17 Uhr, sa, so zusätzlich 10–12 Uhr.

SEEBRUCK (E7)

Der Ort am Chiemsee liegt über einer der bedeutendsten römischen Handwerker- und Handelssiedlungen in Oberbayern, an der Römerstraße von Salzburg nach Augsburg und beim Übergang über die Alz. Benannt wurde sie nach dem Chiemseegott Bedaius Bedaium. Römischer Friedhof mit über 250 Brandgräbern. Im Museum werden die hier gemachten Funde gezeigt, im Außengelände Fundamente des spätrömischen Kastells, das 166–180 zum Schutz der Siedlung errichtet wurde.

Das Römermuseum (Römerstr. 3, 83358 Seebruck, Tel. 08667/7503) ist geöffnet di bis sa 10–12, 15–17 Uhr; so 15–17 Uhr; Dez. geschlosssen.

SPEYER (D4)

Um 10 v. Chr. Errichtung eines römischen Kastells im Gebiet der Innenstadt. Um 10 n. Chr. Kastellneubau und Entstehung einer römischen Zivilsiedlung Noviomagus. 74 n. Chr. Auflassung des Kastells. Blütezeit im 2. und 3. Jh.; 275 Verwüstung durch die Alemannen.

Das Historische Museum der Pfalz, 1990 nach Renovierung wiedereröffnet, verfügt über eine sehenswerte Römer-Abteilung mit interessanten Bronzefiguren und Denkmälern. Wechselnde Ausstellungen von überregionaler Bedeutung (Domplatz, 67346 Speyer, Tel. 06232/13250). Öffnungszeiten: di–so 10–18 Uhr, mi bis 20 Uhr.

STRAUBING (D7)

Auf dem Gebiet der Stadt hat man vier Kastelle nachgewiesen sowie ein ausgedehntes Lagerdorf (Sorviodurum) mit Thermen und Töpferwerkstätten. Einst war hier auch ein wichtiger Donauhafen. Bedeutendste Römerspur ist der sensationelle Schatzfund von Straubing, der 1950 auf dem Gebiet einer ehemaligen villa rustica gemacht wurde. Er wurde bei den Alemanneneinfällen in der 1. Hälfte des 3. Jh. vergraben. Zu diesem Schatz, der die Hauptsehenswürdigkeit des Gäubodenmuseums ist, zählen die häufig abgebildeten, einst vielleicht vergoldeten, orientalisch anmutenden Gesichtsmasken (Anfang 3. Jh.).

Das Gäubodenmuseum (Fraunhoferstr. 9, 94315 Straubing, Tel. 09421/81811) ist geöffnet di–so 10–16 Uhr. Die Römerabteilung wird derzeit neu aufgestellt und ist nur reduziert begehbar (voraussichtlich bis 2000). Der Schatzfund selbst ist ständig zugänglich.

STUTTGART (D5)

Im Alten Schloß in Stuttgart wurde 1986 eine neue »Römer-Abteilung« der Öffentlichkeit zugänglich gemacht. Hier finden sich neben den originalen »Highlights« aus

In der Römerabteilung des Gäubodenmuseums von Straubing befindet sich auch diese Statuette.

schwäbischen Grabungen auch Antiken, angekauft aus dem Mittelmeerraum. Die schönsten in Württemberg gefundenen Weihesteine, herrlicher Schmuck sowie kunstvoll verzierte Gebrauchsgegenstände, darunter Löffel und sogar Gabeln, die die hohe Kultur der Römer – auch in Germanien – belegen, sind nach Ausgrabungen geordnet zu sehen. Daneben werden Kuriosa wie der Knochen eines Kamels gezeigt. Das Tier war einst das Lagermaskottchen im Kastell Isny.

Seit 1959 hat das Württembergische Landesmuseum obendrein konsequent Antiken käuflich erworben, zunächst Kaiserporträts, die heute auf steinernen Säulen im Antikensaal, im sogenannten »Gelben Salon«, zu sehen sind. Den Namen verdankt der Raum den wunderbaren Fresken einer römischen Villa aus der Zeit um 50 n. Chr., die vermutlich nördlich von Pompeji gestanden hat. Die Grundfarbe ist ockergelb. Als dem damaligen Museumsdirektor 1979 die 17 Freskenteile angeboten wurden, war es Liebe auf den ersten Blick, doch es dauerte vier Jahre, bis der Kauf perfekt war. Vermutlich handelt es sich dabei um die Ausgestaltung eines Schlafzimmers, worauf die kleinen Liebesgötter und Szenen mit erotischen Motiven wie Leda mit dem Schwan oder Danae und der Goldregen hinweisen.

Römische Wandmalereien waren nicht auf den Golf von Neapel beschränkt – auch wenn von dort die herrlichsten Beispiele kommen – und hörten mit dem verheerenden Vesuvausbruch von 79 n. Chr. nicht auf. Die kaiserlichen Paläste in Rom wie die bürgerlichen Villen in den entferntesten Provinzen waren mit Wandmalereien geschmückt. Ein schönes Beispiel für die Wandmalerei in einer villa rustica im Schwabenland stammt aus *Meßkirchen* bei Sigmaringen und ist ebenfalls im Württembergischen Landesmuseum zu sehen.

Das Württembergische Landesmuseum im Alten Schloß (Schillerplatz 6, 70173 Stuttgart) hat folgende Öffnungszeiten: di 10 bis 13, mi–so 10–17 Uhr. Das römische Lapidarium im Neuen Schloß (Planie) ist nur an Wochenenden nach Voranmeldung zu besichtigen (Tel. 0711/279-3400).

TAUNUSSTEIN-NEUHOF (C4)

2,5 km nördlich von Neuhof liegt an der B 417 das Kastell Zugmantel. Der Parkplatz »Römerturm« ist Ausgangspunkt für Wanderungen auf den Spuren der Römer. Ein Weg führt nach Norden in Richtung Limes; Wanderkarte am Parkplatz.

TREUCHTLINGEN (D6)

Fundamente einer villa rustica (2. Jh.) am Nagelberg.

TRIER (C3)

17/16 v. Chr. als Augusta Treverorum gegründet. Älteste Stadt Deutschlands, mit gut 280 ha Siedlungsfläche größte Stadt nördlich der Alpen, Hauptstadt der römischen Provinz Gallica Belgica, später des gesamten Westens von Nordafrika bis Britannien. Kaiserliche Residenz unter Konstantin. Bereits seit der zweiten Hälfte des 3. Jh. Bischofssitz. Im 5. Jh. Bedeutungsverlust, Absinken der Bevölkerungszahl und gleichzeitig Eingliederung ins Frankenreich.

Monumentale Relikte der Römerzeit: das ehemalige Stadttor, Porta Nigra (2. Jh.), das Wahrzeichen der Stadt; Kaiserthermen; Basilika (heute ev. Kirche) neben kurfürstlichem Palais; Barabarathermen; Reste des Kaiserpalasts; Amphitheater; älteste Teile des Doms; Römerbrücke (römische Pfeiler 2. Jh., Bögen 1718) sowie zahlreiche klei-

Einige Rundbögen von Triers Kaiserthermen wurden vor rund 15 Jahren in Anlehnung an antike Schichtenfolgen ergänzt.

nere »Römersteine«. Öffnungszeiten aller Trierer Römerbauten: täglich 9–17 Uhr, Karwoche–30. Sept. 9–18 Uhr, im Dez. 10 bis 16 Uhr. Letzter Einlaß jeweils 30 Minuten vor Schließung. Die Barbarathermen sind zudem täglich von 13–14 Uhr sowie am ersten Werktag jeder Woche und im Dez. geschlossen. Auch bei Eis und Schnee können die Römerbauten aus Sicherheitsgründen geschlossen sein.

Eines der bedeutendsten Museen zum Thema Römer mit exquisiten Fundstücken, wunderbaren Mosaiken und außergewöhnlich schönen Steinarbeiten ist das Rheinische Landesmuseum Trier, das derzeit seine Bestände neu ordnet, mit Münzkabinett; wechselnde Ausstellungen (Weimarer Allee 1, 54290 Trier, Tel. 0651/97740). Öffnungszeiten: di–fr 9.30–17 Uhr, sa, so 10.30–17 Uhr.

Das Rheinische Landesmuseum ist auch verantwortlich für zahlreiche qualitätvolle Römerveranstaltungen wie »Brot und Spiele«, Aufführungen in lateinischer Sprache während des »Kultursommers« und andere Aktionen.

Das Bischöfliche Dom- und Diözesanmuseum (Windstr. 6–8, 54290 Trier, Tel. 0651/7105255) ist geöffnet mo–sa 9–13, 14 bis 17 Uhr, so, feiertags 13–17 Uhr. Neben Werken christlicher Kunst sind hier die Ergebnisse der Trierer Domgrabungen ausgestellt, darunter die bemalte Decke des »Prunksaals«.

Im römischen Weinkeller des Restaurants »Zum Domstein« (Hauptmarkt 5, 54290 Trier, Tel. 0651/74490 oder 75565) werden altrömische Feinschmeckergerichte nach Apicius angeboten.

In den Sommermonaten Antikenfestspiele in antiken Stätten. Veranstaltungsplan und Römer-Stadtführungen nach Voranmeldung bei Tourist-Information (Simeonstift, 54290 Trier, Tel. 0651/978080). Desgleichen Weinfahrten mit dem »Römerexpress« (einem Bummelbähnchen) ab Porta Nigra Juli bis Okt. jeden Mi und Fr nach Bedarf.

TRIER-LAND (AUSSCHNITT)

Die Umgebung von Trier und das Moseltal sind übersät von römischen Relikten, einzelnen Steinen, Gräbern, Villen und Kelteranlagen (Auskünfte allgemein: Verbandsgemeindeverwaltung Trier-Land, Gartenfeldstr. 12, 54295 Trier, Tel. 0651/97980). *Bech-Kleinmacher* (Grabkammer), *Bitburg* (Römer-Mauer, Kreismuseum), *Bollendorf* (Reste einer Villa oberhalb der Burg, frei zugänglich, in der Nähe auch Römergrab und Dianadenkmal), *Brauneberg,-Butzweiler* (Pützlöcher, eines der ältesten römischen Bergwerke in Deutschland, 1./2. Jh., für Kupfererz, ganzjährig geöffnet und frei zugänglich. Lediglich die unterirdischen Stollenanlagen sind geschlossen, Schlüssel sind bei der Gemeindeverwaltung Newel erhältlich),

Echternach/Luxemburg (prunkvolle Villa mit Bad), *Erden* (Kelterhaus), *Ernzen* (Weihetempel), *Gerolstein* (Römische Abteilung im Kreisheimatmuseum), *Grevenmacher*/Luxemburg (Grabmal), *Igel* (Igeler Säule: Grabmal der Tuchhändlerfamilie der Secundinier um 250 n. Chr.; größtes römisches Pfeilergrab nördlich der Alpen), *Konz* (Ruinen der Kaiservilla bei Pfarrkirche. Besichtigung des Apsidensaals mo–do 14 bis 18 Uhr, fr 14–17 Uhr, Anmeldung beim

In der Eifel gibt es reichlich Erinnerungen an die Römer – dazu zählt dieser Aquädukt-Rest bei Vussem.

Zum Heiligtum »Matronae Vacallinehae« aus dem 4. Jahrhundert gehört dieser Weihestein südlich von Mechernich/Eifel.

Pfarramt St. Nikolaus, Tel. 06501/2312), *Kröv-Kinheim, Longuich* (zum Teil rekonstruierte villa urbana, 2. Jh. mit Badeanlage, frei zugänglich), *Maring-Noviand* (Kelter), *Mehring* (Villa rechts der Mosel auf Freigelände), *Nehren* (Grabkammern), *Neumagen-Dhron* (»ältester Weinort Deutschlands«, Fundort berühmter Grabdenkmäler, im Rheinischen Landesmuseum Trier), *Piesport* (spätrömische Weinkelteranlage, 4. Jh., frei zugänglich, alljährlich im Herbst römisches Kelterfest, Auskunft Tel. 06507/2028), *Pölich* (oberhalb des Ortes aus dem Fels gehauene Wasserleitung; Reste von Mosaiken und Marmorböden der damit versorgten Badeanlage), *Serrig* (Grabmal), *Tawern* (Tempelbezirk, teilweise Rekonstruktion eines Heiligtums, 1.–4. Jh., frei zugänglich, ganzjährig geöffnet), *Thörnich, Treis-Karden* (Vicus Cardena; hier wurden 20 Töpfereien nachgewiesen; schönste Funde im Stiftsmuseum: Ostern–Okt. so und feiertags 10–12 Uhr, mi, sa 15–17 Uhr) *Trittenheim, Veldenz* (Villa mit Badeanlage), *Waldrach* (oberhalb des Ortes auf einem Parkplatz der Ruwertalstraße Nachbildung einer römischen Wasserleitung zur Versorgung Triers), *Weilerbach* (Dianastatue, über Dianawanderweg erreichbar), *Winningen* (Villa), *Wintrich, Zell.*

Wer sich für unsere römische Vergangenheit interessiert, wird Weißenburg gewiß einen Besuch abstatten. Allein schon die größte Thermenanlage Süddeutschlands ist sehenswert.

Römerstraßenfeste und römische Weinfeste feiert man in Neumagen-Dhron, Piesport, Zell; Herbstfest in der Villa Romana in Veldenz.

»Auf den Spuren der Römer« wird eine 5tägige Radfahrt mit Gepäcktransfer angeboten (ganzjährig Termine; Mosellandtouristik, Gestade 12, 54470 Bernkastel-Kues, Tel. 06531/209192, Fax 2093). »Clubausflug auf Römerpfaden«, 4tägiger alternativer Geschichtsunterricht in römischen Gewändern (Termine April–Okt., Teilnehmerzahl mind. 8 Personen; ebenfalls Mosellandtouristik). Historischer Radwanderweg auf 50 km zur römischen Weinstraße (Informationen: Verkehrsamt Schweich, Tel. 06502/407117).

WALLDÜRN (C5)

Kastell mit Bad am obergermanischen Limes (2. Jh.). Fundamentreste; Funde (auch aus dem nahen Kastell *Haselburg)* im Stadt-und Wallfahrtsmuseum. Geöffnet im Sommerhalbjahr di, do, so 14–16 Uhr und nach Vereinbarung (Tel. 06282/8188 oder 67107). Markierter Limeslehrpfad.

WEINSBERG (D5)

1906 wurde im Westen der Stadt eine komplette und relativ gut erhaltene Badelage mit dazugehöriger villa rustica entdeckt, die 1977 erneut erforscht und der Öffentlichkeit zugänglich gemacht wurde (täglich geöffnet).

WEISSENBURG I. BAY. (D6)

89 n. Chr. von den Römern als Biriciana an der Stelle einer Keltensiedlung gegründet. Wichtigster Siedlungsschwerpunkt im Bereich des rätischen Limes. Größte Thermenanlage Süddeutschlands. Öffnungszeiten: Ostern–Okt. di–so 10–12.30, 14–17 Uhr. 1990 rekonstruiertes Nordtor (porta decumana) und Reste der Kastellmauer. Zentrum der »Regio Biriciana« mit weiteren Römerfunden.

Das Römermuseum (Zweigmuseum der Prähistorischen Staatssammlung München, Martin-Luther-Platz 3, 91780 Weißenburg, Tel. 09141/907124) ist geöffnet März–Dez. di–so 10–12.30, 14–17 Uhr.

Führungen durch das »Römische Weißenburg« beginnen in den Sommermonaten jeden Sonntag um 14 Uhr am Römermuseum. Drei-Tage-Pauschale in Weißenburg »Auf den Spuren der Römer – kulturell und kulinarisch«. Weitere Information beim Amt für Kultur und Touristik im Römermuseum, 91780 Weißenburg, Tel. 09141/907124, Fax 907121.

WELZHEIM (D5)

Nördlich von Welzheim befinden sich gegenüber dem Sportplatz Reste des Kleinkastells *Rötelsee*. Das Westkastell ist überbaut. An Stelle des Ostkastells heute der frei zugängliche archäologische Park mit dem imposanten rekonstruierten Westtor und der anschließenden Kastellmauer. Südlich des Stadtgebiets geht es über Spazierwege zum Göckelerturm, den restaurierten Grundmauern eines Wachturms.

Das Städtische Museum mit römischen Funden ist so 14–17 Uhr und auf Anfrage (Tel. 07182/800815) geöffnet.

WIESBADEN (C4)

Abgesehen von Resten der »Heidenmauer« in der Coulinstraße und im Schloßpark haben die Römer hier kaum Spuren hinterlassen. Es handelt sich um eine im 4. Jh. begonnene und nie vollendete spätrömische Befestigung.

Bereits im 1. Jh. existierte hier ein Kastell mit bedeutenden Thermen. Funde, auch aus der Umgebung, sind in der 1997 neueröffneten Römerabteilung des Museums (Friedrich-Ebert-Allee 2, 65185 Wiesbaden) an folgenden Tagen zu sehen: di 12–20 Uhr, mi–fr 10–16 Uhr, sa, so und feiertags 11–17 Uhr.

WORMS (C4)

Das Forum der römischen Civitas Vangionum lag genau an der Stelle des heutigen Doms. Im Stadtbild nur wenige Relikte aus der Römerzeit, dafür um so mehr im Museum der Stadt im ehemaligen Andreasstift. Darunter die sogenannten Wormser Gesichtskrüge, eine Besonderheit aus dem 4. Jh., sowie eine beeindruckende Sammlung römischen Glases. Das Museum (Weckerlingplatz 7, 67547 Worms) ist geöffnet di bis so 10–12, 14–17 Uhr.

XANTEN (A3)

Um 15 v. Chr. als Militärlager Castra Vetera (I) auf dem Fürstenberg bei Birten gegründet. Nach der Zerstörung 70 n. Chr. durch die Bataver Neuerrichtung von Castra Vetera II. Gleichzeitig Beginn der Anlage einer Zivilsiedlung an der Römerstraße, die um

Im Wormser Stadtmuseum gibt es eine beeindruckende Sammlung römischer Gläser; dazu zählt dieser Doppelkrug – das Krüglein im Krug.

105 durch Kaiser Marcus Ulpius Traianus als Colonia Ulpia Traiana zur Stadt erhoben wurde. Sie bildet heute das Gelände des Archäologischen Parks Xanten (APX). Mitte des 4. Jh. endet die römische Zeit in Xanten. An der Stelle des Grabs für den hl. Viktor und anderer Märtyrer wurde um die Mitte des 8. Jh. das Stift errichtet, das der neuen Siedlung den Namen gab: »ad sanctos« (bei den Heiligen) – Xanten.

Regionalmuseum Xanten mit großem Bestand an Römerfunden, wechselnde Ausstellungen, jeden ersten Sonntag im Monat um 11 Uhr unterschiedliche Spezialführungen (Kurfürstenstr. 7–9, 46509 Xanten, Tel. 02801/7194-0). Öffnungszeiten: Mai–Sept. di–fr 9–17 Uhr, sa, so und feiertags 11 bis 18 Uhr; Okt.–April di–fr 10–17, sa, so und feiertags 11–18 Uhr.

Der Archäologische Park Xanten (Trajanstr. 4) bietet ein reichhaltiges Veranstaltungsprogramm sowie die Möglichkeit, in der römischen Herberge zu übernachten und römisch zu speisen; mehrtägige Ferienkurse für Kinder; wechselnde Ausstellungen. Zwischen Mai und September gibt es jeden Sonntag 11–16 Uhr Grabungsführungen. (Tel. 02801/712-0). Der APX ist geöffnet März–Nov. täglich 9–18 Uhr; Dez.–Feb. täglich 10–16 Uhr (einige Innenräume geschlossen; Römische Herberge: Tel. 02801/34153416).

Im Amphitheater *Birten* finden im Sommer Theateraufführungen statt (Tel. 02801/1501).

Von Xanten führt die Radroute »Via Romana« ins niederländische Nimwegen, die »Römer-Route« nach Detmold.

Über die Wochenendprogramme »Auf den Spuren der Römer« mit römischem Essen erfährt man Näheres bei der Tourismusinformation Xanten, Karthaus 2, 46509 Xanten, Tel. 02801/772226, Fax 772305.

ZÜLPICH (B3)

In römischer Zeit kreuzten hier zwei wichtige Heerstraßen, gesichert durch das Kastell Tolbiacum mit dazu gehörigem Lagerdorf. Auf die Funktion als Verkehrsknotenpunkt weist die Verehrung der »Vierwegegötter«, der Quadrubiis. Der nur wenige hundert Meter vom Museum entfernt entdeckte Hovener Meilenstein am Schnittpunkt der Straßen zählt zu den wenigen vollständig erhaltenen Exemplaren seiner Art und wies Angaben zur Entfernung nach Köln und nach Rom auf. Die gut erhaltenen Römerthermen mit imposanter Hypokausten-Heizung gehören zum Propsteimuseum (Mühlenberg 7, 53909 Zülpich, Tel. 02252/2770). Es ist geöffnet di–fr 9–12, 14–16 Uhr, sa 13–17 Uhr, so 11–17 Uhr.

Auch in Zülpich gehörte zum Kastell eine Badeanlage – hier ein Blick in die Thermen mit dem gut erkennbaren Hohlfußboden für die Heizung.

REGISTER

(**Halbfette** Ziffern verweisen auf Abbildungen)

IMPRESSUM

Verlag:
HB Verlags- und Vertriebs-Gesellschaft mbH, Alsterufer 4, 20354 Hamburg, Postfach 30 06 60, 20347 Hamburg, Telefon 040/4151-04, Telefax 4151-3231.
Geschäftsführer: Kurt Bortz, Jonny Bülow, Dr. Joachim Dreyer

Redaktion und Produktion:
Harksheider Verlagsgesellschaft mbH, Fabersweg 1, 22848 Norderstedt, Postfach 5249, 22822 Norderstedt, Telefon 040/528862-0, Telefax 5234056
Redaktion:
Ulrike Klugmann (verantwortlich)
Text: Dr. Cornelia Oelwein, Ilmmünster
Fotografie: Jürgen Wackenhut, Bad Herrenalb (64); Limesmuseum Aalen, Ulrich Sauerborn (2); HB-Bildarchiv (67)
Graphische Gestaltung:
Traute Frost, Hamburg
Karte:
Studio für Landkartentechnik, Norderstedt

HB-Bildatlas Sonderausgabe Fotoservice:
Harksheider Verlagsgesellschaft mbH, Postfach 5249, 22822 Norderstedt, Telefon 040/528862-22, Telefax 5234056
Vertrieb Zeitschriftenhandel:
Partner Pressevertrieb GmbH, Postfach 810420, 70521 Stuttgart, Telefon 0711/ 7252-227, Telefax 72 52-310
Vertrieb Abonnement; Einzelhefte:
Zenit Pressevertrieb GmbH, Postfach 8106 40, 70523 Stuttgart, Telefon 0711/ 7252-198, Telefax 7252-333
Vertrieb Buchhandel:
Mairs Geographischer Verlag, Marco-Polo-Zentrum, 73760 Ostfildern, Telefon 0711/4502-0, Telefax 4502-340
Anzeigenalleinverkauf:
KV Kommunalverlag GmbH, Postfach 8105 65, 81905 München, Telefon 089/ 928096-24, Telefax 928096-20
Reproduktionen:
Otterbach Repro GmbH & Co., Rastatt
Druck und Verarbeitung:
Echter Würzburg
Printed in Germany

ISBN 3-616-06742-1

LIEFERBARE AUSGABEN

Titelbild: Archäologischer Park, Xanten

„SALVETE AMICI MONTIUM TAUNENSIUM“

(SEID GEGRÜSST, FREUNDE DES TAUNUS!)

SCHON RÖMER UND RITTER WUSSTEN, WO ES SICH GUT LEBEN LIESS: AUF DEN TAUNUSHÖHEN BAUTEN SIE KASTELLE UND BURGEN. DIE RELIKTE AUS JENER ZEIT GEHÖREN HEUTE ZU DEN REIZVOLLEN SEHENSWÜRDIGKEITEN DIESER REGION.

RÖMERKASTELL SAALBURG
BAD HOMBURG V. D. HÖHE

BURG KRONBERG
KRONBERG IM TAUNUS

BURG REIFENBERG
SCHMITTEN-OBERREIFENBERG

EINDRUCKSVOLLE ZEUGNISSE VERGANGENER EPOCHEN FINDEN SICH IN INTERESSANTEN MUSEEN - GESCHICHTE ZUM ANFASSEN.

FREILICHTMUSEUM HESSENPARK
NEU-ANSPACH

VORTAUNUSMUSEUM
OBERURSEL

BURG EPPSTEIN
MIT MUSEUM

DIE RÖMER WAREN ES AUCH, DIE BEREITS AUF DIE HEILKRAFT DER TAUNUSQUELLEN VERTRAUTEN UND HIER DAS ERSTE KURKAPITEL GESCHRIEBEN HABEN.

TAUNUS-THERME
BAD HOMBURG V. D. HÖHE

MEDICO-PALAIS
BAD SODEN AM TAUNUS

KURBAD MIT
FESTUNGSRUINE KÖNIGSTEIN

TOURIST-INFO-TAUNUS, POSTFACH 1941, 61289 BAD HOMBURG, TEL. 06172/178-352, FAX 178319, INTERNET: HTTP://WWW.TAUNUS-INFO.DE

DER TAUNUS — NIX WIE HIN!

DEUTSCHE LIMES-STRASSE

Von Miltenberg bis Regensburg

Sehenswerte Bodendenkmale, Rekonstruktionen und Museen.

Verein Deutsche Limes-Straße, Marktplatz 2, 73430 Aalen, Tel. 0 73 61 / 52 23 58, Fax 52 19 07

in Bayern –
– schön mittendrin

Kipfenberg

am geografischen Mittelpunkt Bayerns und in der Mitte des Naturparks Altmühltal. Vielseitiges Freizeitangebot. Gute Gastronomie und Übernachtungsmöglichkeiten in allen Kategorien.

Nähere Auskunft:
85110 Markt Kipfenberg
Tourist-Information, Telefon (0 84 65) 94 10 41-42
Telefax (0 84 65) 94 10 43

Besuchen Sie das

Bajuwaren und Römer Museum

auf Burg Kipfenberg

Das römische Klassenzimmer

Bei uns wird römische Geschichte lebendig - zum Beispiel bei den jährlichen Römerfesten. Gehen Sie auf Spurensuche entlang des Limes und entdecken Sie Kastelle, Wehrtürme, Bäder, Thermen, Gutshöfe und Museen.

Informationen:

NATURPARK ALTMÜHLTAL

Informationszentrum Naturpark Altmühltal
Notre Dame 1, 85072 Eichstätt, Tel. 0 84 21 / 98 76-0, Fax 98 76-54
e-mail: naturpark.altmuehltal@Altmuehlnet.baynet.de

VERLAG wek
Walter E. Keller
Treuchtlingen

REIHE GELBE TASCHENBUCH-FÜHRER

Deutsche Limesstraße
Die Römer am Limes
Die Römer an der Donau
Kastell Weißenburg
Römische Thermen
und viele andere Titel

Erhältlich in Buchhandel, Museen oder über das Internet www.wek.de

Geschichte auf Schritt und Tritt

HIER GEHT DIE LANGEWEILE BADEN

WALDBAD AM LIMES
GUNZENHAUSEN
SPORT SPASS SPIEL

Leonhardsruhstr. 46
91710 Grunzenhausen
Telefon: 0 98 31 / 32 34

- 50 m Schwimmbecken 28 °C
- Spiel- und Spaßbecken 30 °C
- Mutter-Kind-Bereich 30 °C
- Warmduschen, beheizte Umkleiden
- Riesenrutsche 100 m, Breitrutsche 20 m
- Wärmhalle mit Sonnendeck
- Kinderspielplatz
- Restaurant, Kiosk mit Biergarten

ÖFFNUNGSZEITEN:
in den Monaten Mai–September
täglich von 7.00–20.00 Uhr

SPASS SPORT SPIEL SPASS
SPORT SPASS SPORT SPIEL

GEMEINDE BURGSALACH

Mitgliedsgemeinde der Verwaltungsgemeinschaft Nennslingen

Römerturm bei Burgsalach

Durch das Gebiet der Gemeinde Burgsalach führt der Limes, ein römischer Grenzwall, mit dessen Errichtung die Römer Ihr damals erobertes Gebiet gegen die Germanen absicherten. Spuren dieser Befestigungsmauer sind noch deutlich sichtbar. Entlang des Limes verlief eine Römerstraße. Dieser Postenweg war durch Holztürme gesichert. Die Nachbildung eines derartigen **Römerturms** kann bei Burgsalach besichtigt werden.

Nicht weit davon entfernt sind noch die Grundmauern des **Burgus** zu sehen. Es handelt sich dabei ebenfalls um ein Bauwerk der Römer (etwa 117–138 n. Chr. errichtet), dessen Bestimmung bis heute nicht geklärt ist. Reste derartiger Bauwerke finden sich nur noch in Nordafrika.

Weitere Informationen:
Tourist-Information Nennslingen
Schmiedgasse 1 • 91790 Nennslingen
Tel.-Nr.: 0 9147 / 94 11-25 (werktags 8.00–12.00 Uhr)
Fax: 0 9147 / 94 11-30
E-Mail: VG.Nennslingen@wugnet.baynet.de
www.wugnet.baynet.de/gemeinden/nennslingen/vg.htm

Römischer Burgus am Limes

Ellingen

Perle des Fränkischen Barock

Info: Stadt Ellingen, Telefon 0 91 41 / 8 65 80

Weißenburg 2000 JAHRE GESCHICHTE

... und zur Erholung geht's ins

WEISSENBURGER LIMESBAD

Besuchen Sie unser „Römisches Weißenburg":

Römermuseum
Römische Thermen
Kastell Biriciana mit Nordtor

Amt für Kultur und Touristik • Martin-Luther-Platz 3–5
91780 Weißenburg i. Bay. • Telefon 0 91 41 / 90 71 24

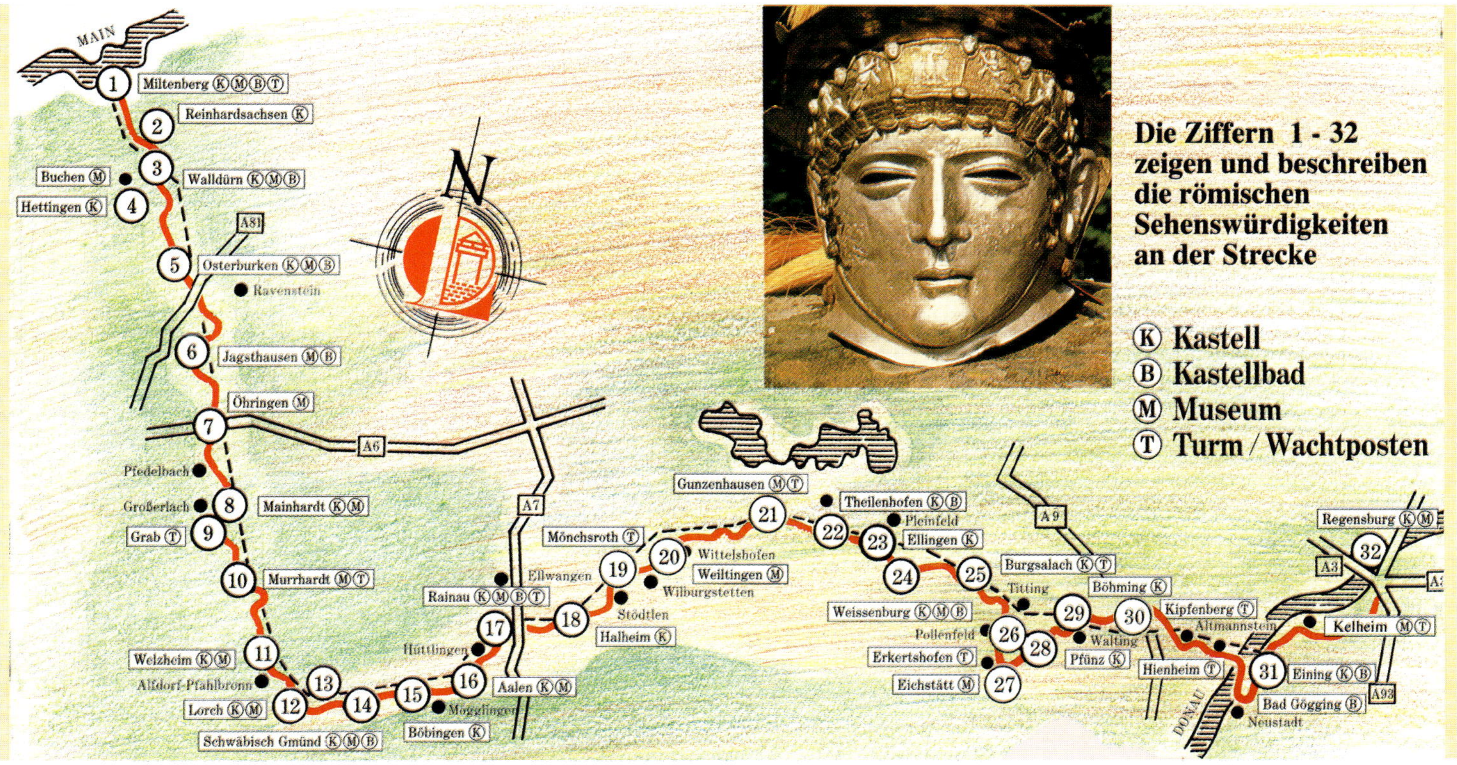
MAIN
1 Miltenberg Ⓚ Ⓜ Ⓑ Ⓣ
2 Reinhardsachsen Ⓚ
3 Walldürn Ⓚ Ⓜ Ⓑ
Buchen Ⓜ
4 Hettingen Ⓚ
A81
5 Osterburken Ⓚ Ⓜ Ⓑ
Ravenstein
6 Jagsthausen Ⓜ Ⓑ
Öhringen Ⓜ
7
A6
Pfedelbach
8 Mainhardt Ⓚ Ⓜ
Großerlach
9 Grab Ⓣ
10 Murrhardt Ⓜ Ⓣ
11 Welzheim Ⓚ Ⓜ
Alfdorf-Pfahlbronn
12 Lorch Ⓚ Ⓜ
13
14
Schwäbisch Gmünd Ⓚ Ⓜ Ⓑ
15 Böbingen Ⓚ
Mögglingen
16 Aalen Ⓚ Ⓜ
Hüttlingen
17 Rainau Ⓚ Ⓜ Ⓑ Ⓣ
Ellwangen
A7
18 Halheim Ⓚ
Stödtlen
19 Mönchsroth Ⓣ
20 Weiltingen Ⓜ
Wittelshofen
Wilburgstetten
21 Gunzenhausen Ⓜ Ⓣ
22 Theilenhofen Ⓚ Ⓑ
Pleinfeld
23 Ellingen Ⓚ
24 Weissenburg Ⓚ Ⓜ Ⓑ
25 Burgsalach Ⓚ Ⓣ
A9
Titting
26 Pollenfeld
Erkertshofen Ⓣ
27 Eichstätt Ⓜ
28 Pfünz Ⓚ
29 Böhming Ⓚ
Walting
30 Kipfenberg Ⓣ
Altmannstein
Hienheim Ⓣ
DONAU
31 Eining Ⓚ Ⓑ
Bad Gögging Ⓑ
Neustadt
Kelheim Ⓜ Ⓣ
32 Regensburg Ⓚ Ⓜ
A3
A93
N
Die Ziffern 1 - 32 zeigen und beschreiben die römischen Sehenswürdigkeiten an der Strecke
Ⓚ Kastell
Ⓑ Kastellbad
Ⓜ Museum
Ⓣ Turm / Wachtposten

Wo die Römer sich schon wohlfühlten